사진
무지개별이되다

사진 무지개 별이 되다

초판 1쇄 발행 2018년 6월 15일

지은이 오유경
펴낸이 장길수
펴낸곳 지식과감성#
출판등록 제2012-000081호

디자인 이현
편집 이다래, 안영인, 이진영, 최지희
교정 이주영
마케팅 고은빛

주소 서울특별시 금천구 가산동 50-3 대륭포스트타워 6차 1212호
전화 070-4651-3730~4
팩스 070-4325-7006
이메일 ksbookup@naver.com
홈페이지 www.knsbookup.com

ISBN 979-11-6275-165-7(03810)
값 13,000원

ⓒ 오유경 2018 Printed in Korea

잘못된 책은 구입하신 곳에서 바꾸어 드립니다.
이 책의 전부 또는 일부 내용을 재사용하려면 사전에 저작권자와 펴낸곳의 동의를 받아야 합니다.

이 도서의 국립중앙도서관 출판예정도서목록(CIP)은 서지정보유통지원시스템
홈페이지(http://seoji.nl.go.kr)와 국가자료공동목록시스템(http://www.nl.go.kr/kolisnet)에서
이용하실 수 있습니다. (CIP제어번호 : CIP2018017709)

홈페이지 바로가기

오유경 지음

사진 무지개별이되다

사진에서 향기가 나고, 소리가 들린다

사진보고 글쓰는 작가 제니 산문집

지식과감정

○ 인 사 말 ○

사진에서 향기를 맡고, 소리를 듣습니다. 사진은 제게 그렇게 다가왔습니다. 사진을 보고 순간적인 느낌으로 사진을 공감하여 즉흥적인 글을 쓰는 작업이 사진작가님들과도 공감되는 부분이 많아 스스로도 놀라운 일이라고 생각하였습니다. 제 안의 세계에 없는 새로운 세상을 보여주신 여러 작가님 덕분에 제 감성에도 새로운 세상이 자리하게 되어 다양한 시각의 글을 쓰게 되어 매우 기쁘고 행복한 시간이 되었습니다.

이 세상에 공존, 배려, 존중 그리고 자존감의 영향력은 인생에 있어서 매우 크다고 생각하기에 제 글의 중심주제가 되었습니다.

제가 처음 사진을 보고 공감할 수 있는 기회를 주신 정나연 작가님, 사진 전체를 읽을 수 있는 사진을 보여주신 노춘성 작가님, 이광우 작가님,
맑은 사진을 보여주신 이정식 작가님, 김길형 작가님, 오경주 작가님, 설송 작가님, 전병섭 작가님, 이남기 작가님,
자연의 신비를 느끼게 해주신 박근석 작가님, 신재국 작가님, 이귀천 작가님, 아승용 작가님, 은월봉 작가님, 정태인 작가님,
흔들림 속에 가려진 진동을 보여주신 유리 작가님, 윤드리 작가님, 전중호 작가님,
깊이의 조절을 느끼게 해주신 이설제 작가님, 박정원 작가님, 곰치 작가님,
새로운 단어를 생각하고 글의 감동을 스스로 느끼게 해주신 JINO 작가님,
글쓰기의 다양함을 주신 윤용식 작가님, 김미경 작가님, 김용철 작가님,
동화를 꿈꾸게 해주신 유운형 작가님, SATTO 작가님,

깊이의 깊이를 주신 박호남 작가님, 강신양 작가님, 최정번 작가님,
언제나 힘을 주시는 김영노 작가님, 박상준 작가님, 권오혁 작가님, 장병기 작가님, 김상훈 작가님, 문현우 작가님, 청솔 작가님, 최병문 작가님,
여유의 순간을 보여주신 고학규 작가님, 김은주 작가님, 박종부 작가님,
자연의 소리까지 녹음하여 사진과 함께 주셨던 장계영 작가님, 박장왕 작가님,
감성에 감성을 더해주신 나무나무 작가님, 이창덕 작가님, 권민섭 작가님,
일러스트의 새로운 시도를 도와주신 COMA 일러스터님,
높은 곳을 보여주신 방춘성 작가님, 민형식 작가님, 위응복 작가님,
유쾌한 상쾌함을 주신 조봉규 작가님, 바람꽃 작가님,
사진의 재해석을 도와주신 내명주 작가님, 박해동 작가님, 박청식 작가님,
새로운 신비로움을 보여주시는 현창호 작가님, 하비엔진 작가님,
순간의 빛을 공감하여 주신 한상인 작가님, 윤재천 작가님, 김보영 작가님,
스미는 빛을 보여주신 박호남 작가님, 전승엽 작가님,
색감의 조화를 주시는 김성국 작가님, 이경철 작가님, 임지원 작가님,
섬세한 감성의 원충식 작가님, HAKU 작가님,
제 글에 진정한 공감으로 늘 응원을 주시는 시선 작가님, 이나야 작가님,

이외의 모든 작가님과 제 행복한 글쓰기의 시간이 오래도록 향기로운 무지개 별이 되어 오랫동안 감동을 함께하겠습니다.
독자들에게 제 글이 좋은 새로운 시각이 되기를 바라며
제게 행복한 공감능력과 재능을 주신 부모님께 깊은 감사드립니다.

CONTENTS

인사말 4
사진작가 프로필 12

사진작가 JINO
이순신 18

사진작가 박상준
독도가 말하다 19

사진작가 김영노
소녀가 바라보다 20

사진작가 나무나무
통나무가 된 시간 21

사진작가 윤드리
마른 심장 22

사진작가 박정원
다리에서 23

사진작가 김미경
무채색 이정표 24

사진작가 SATTO
닮다 25
꽃으로 사람으로 26

사진작가 김은주
이대로 27
더하기 28

사진작가 장계영
균형으로 바라보다 29
돌아오는 길에 서 있다 30
무언가 내게로 다가온다면 31
바람의 그림자 32

사진작가 김영노
빛이 나려면 33
시간 이야기 34
사람을 키워내는 소리 35

사진작가 박장왕
가능성 36
일어나는 일 모두 자연스럽다 37

사진작가 이창덕
겨울달이 별을 만났다 38

사진작가 민형식
내가 되어지길 39
붉은 별 40
산 41

사진작가 바람꽃
색을 갈아입다 42
단 한 번의 지금 이 시간 43

사진작가 박해동
기억 속의 그대와 44

사진작가 박청식
기억의 섬	45
바다가 지나간 길	46
태양은 매일 같았다	47
쓰리다	48

사진작가 하바앤진
문	49
기억의 길	50
닮아지다	51
두께	52

사진작가 조봉규
멀어지다	53
표현되어질 때	54

일러스트레이터 COMA
남긴 것	55
피할 수도 가질 수도	56
현기증	57

사진작가 윤재천
그림자	58

사진작가 김보영
내 길	59

사진작가 전승엽
이유가 되다	60

사진작가 이설제
그대이기에	61
바로 보다	62
인간적인 외로움	63
올림	64
내 것이었던 그리움	65
스며듦	66
비움	67
공존	68

사진작가 정나연
원이 되다	69
가는 길	70
이미 갖고 있음을	71
하나로 보여지길	72

사진작가 박근석
자신을 만드는 온도	73
향기는 스쳐질 때 만나게 된다	74
이루어진다	75
바람이 도와준 결과	76
바람이 남긴 이정표	77
보여지는 색으로	78
시간이 거꾸로 갈 때 흘리는 눈물은 뜨겁다	79
단단하다는 것	80
닮음	81
다가오는 향	81

사진작가 노춘성

초록 심장	82
나를 찾아 데려오다	83
울림으로	84
매력	85
다른 바람	86
다름은 같다	87
늘 같아도	88
존중으로 만든 배려	89
사실, 스스로 알고 있다	90
한 걸음 차이라면	91

사진작가 김성국

지킨다	92
나는 나임을	93

사진작가 김길형

내가 비추어짐	94

사진작가 HAKU

언덕까지	95
떨어질 때	96
내 두 발	97
색	98
나눔	99
마음의 양	100
얼음꽃	101

사진작가 위응복

기도의 의미	102

사진작가 이나야

다시 만나, 다시 바라본다	103

사진작가 JINO

가림 속의 빛	104
뛰어라	105
바다별	106
눈을 감고 그대를 보다	107
기다리고 있다	108
느끼는 걸음	109
길	110
함께를 빌어본다	111
공존을 위한 존중	112

사진작가 이경철

터널 속에서	113
존재를 위한다면	114

사진작가 임지원

달리는 나	115

사진작가 오경주

바로서다	116

사진작가 설송

친구와	117

사진작가 유리
내 다시 꽃이 되리다   118
흔들렸던 이유   119
기억은 거꾸로 흐르다   120

사진작가 내명주
전달자   121

사진작가 이정식
그대 안에서   122
멈춤을 서서 바라보다   123
아름다움과 매력이 향기롭다   124
여전히 나는   125
축제의 밤에 다녀오는 길   126
빛이 내리고 있다   127
내림   128
잃어버린 마음   129
시작의 의미   130
흑과 백   131
황금빛 숨을 쉬다   132
뿌리기 때문에   132
별이 흔들리다   133
내려놓고 흘러가다   134
열정   135

사진작가 전병섭
너의 향 그리고 나의 향   136
공간   137
채워지다   138

사진작가 이귀천
마주하며, 숨을 느끼며   139

사진작가 박상준
태양으로 가는 길   140
다가감   141

사진작가 이광우
이 순간   142
빙하구름   143

사진작가 유운형
뒤   144
갈림길   145
끝에서 시작되다   146
바람이 올 때까지   147
발자국   148
밤이 되어   149
숨 속에   150

사진작가 신재국
뜨거운 매일   151
열정을 담다   152
허락   153
내게 모든 시간을   154
새소리가 되어   155
성장   156
잠깐 멈춤   157
가운데   158
원하는 기다림   159
이해하는 법   160

사진작가 하승용
그리움에 안기다   161

사진작가 윤용식
심장이 울리다   162
어울림   163
기대가 되는 결과물   164
약속의 빛   165
그릇에 담기다   166
다시 다가오다   167
그림자에서 의미를 찾다   168
젖은 나무의 울림   169

사진작가 박호남
그래서 꽃은 아름답다   170
뻐근함   171
숨 쉬어지는   172
기억안개 1   173
기억안개 2   173

사진작가 방춘성
구름이 기다리다   174
내일이 오기 때문에   174
시간과는   175
익숙한 뒷모습   175
다른 빛   176

사진작가 은월봉
붉은 눈물이 머물러   177

사진작가 현창호
나누고 바꾸며   178
태양이 비추는 길   179
찬란함   180

사진작가 정태인
크리스마스   181

사진작가 장병기
이해하고 위로하다   182
처음 그대의 느낌으로   183

사진작가 김상훈
보리파도가 오는 소리   184
감성의 섬   185

사진작가 김용철
만듦   186

사진작가 고학규
누군가는   187
무지개나무   188
낮과 밤이 바뀌는 시간   189

사진작가 권만섭
노란별   190

사진작가 나무나무
눈물바람   191
말려짐   192

변하는 색 193
하늘을 바라볼 때 194
향기 속에서 195

사진작가 문현우
다르게 196

사진작가 박종부
두 개의 별 197

사진작가 청솔
자존감 198

사진작가 최병문
눈물 바람 199

사진작가 이남기
지나가는 바람일 뿐이다 200
오래 서 있는 길 201

사진작가 시선
빛을 담고 싶다 202
커피 향이 날 때까지 203

사진작가 최정번
멜로디 204
소리 205

사진작가 한상인
만나디 206

사진작가 권오혁
빛나다 207

사진작가 강신양
어른임은 담음이다 208

사진작가 곰치
지표 209

사진작가 전중호
다른 세상의 나무 210

사진작가 원충식
그림자가 되어진 빛 211

사진작가 박호남
가져가도 좋다 212

사진작가 최정국
마주침 213

사진작가 ·a릭
바람의 속도 214

사진삭가 현창호
별밭에 모여들다 215

사진 작가 프로필

JINO

강신양

고학규

곰치

권오혁

김성국

김영노

나무나무

내명주

청솔  하바엔진  하승용

한상인  현창호  coma

박정원  박호남  신상우

유리  이설제  장병기

윤드리, 박정원, 김미경, SATTO, 김은주, 장계영, 김영노, 박장왕, 민형식, 바람꽃, 박해동, 하비앤진, COMA, 김보영, 전승엽, 김길형, HAKU, 이나야, 이경철, 임지원, 설송, 신재국, 하승용, 윤용식, 현창호, 김상훈, 김용철, 권만섭, 나무나무, 청솔, 최병문, 이남기, 시선, 최정번, 한상인, 원충식, 최정국, ·a릭

사진보고 글 쓰는 작가 제니에게 하고 싶은 말
: 옛날 IMF 때와 같은 현 시국에 그저 취미로 그쳤을 제 일러스트를 제니 작가님의 아이디어를 거쳐 세상 빛을 볼 수 있는 기회를 주셔서 정말 감사하게 생각하고 있습니다. 감사함에서 멈추지 않고 저 또한 다른 사람에게 기회를 줄 수 있는 사람이 되어야겠다고 생각했습니다. 늘 제니 작가님을 응원하며 SNS상으로 올라오는 피드 게시물들은 늘 모니터하며 응원하겠습니다! _COMA

나에게 사진이란
일상 이야기들을 내 소중한 추억 속에 하나하나씩 담아가는 것.
그 추억으로 인해 미소 짓게 되는 것. _박정원

사진보고 글 쓰는 작가 제니에게 하고 싶은 말
제니를 만나 소중한 사진 속에 또 다시 아름다운 글들로 담기게 되어 정말 기쁘네요. 참 열심히 살아가는 제니가 멋지고 자랑스러워요. 인생의 무게가 시속에 묻어나는 제니 글이 참 좋아요~ 계속 글 쓰세요!
항상 응원할게요! _박정원

사진이란 삶의 여행 _박호남

나에게 사진이란
사진은 흘러가는 세월을 붙잡는 유일한 과학 _신상우

사진보고 글 쓰는 작가 제니에게 하고 싶은 말
사진이라는 과학에 감성이라는 날개를 달아 주신 분 _신상우

사진보고 글 쓰는 작가 제니에게 하고 싶은 말
사진에 추억과 감동을 담아 또다른 영혼으로 표현하는 작가 _유리

제니작가에게 하고 싶은 말
카멜레온.
동작이 느리다. 특별히 스스로를 방어할 만한 무기체계가 없다.
그러한 스스로의 태생적 한계에 대한 자가 진화가 시작되었다.
적을 다양하게 포착하는 오늘날 스텔스전투기의 에이사 레이더 같은 자유로운 눈.
어떤 나뭇가지라도 움직임 없이 지탱하는 발. SF영화〈프로데터〉처럼 주변 환경에
엄폐하는 막강한 피부 변화. 마술 같은 컬러. 카멜레온은 그렇게 스스로를 보호하고
진화했다. 그것은 곧 적응이며 생존력이다.
그래서 당신은 카멜레온이다 _이설제

나에게 사진이란
공기와 같다. 항시 눈 뜨나 눈 감으나 나와 같이할 동반자 _장병기

사진보고 글 쓰는 작가 제니에게 하고 싶은 말
글은 쓴다는 것은 쉬운 작업이 아닌데 새로운 창작의 세계에서 보람되고 원하는 바
글로 많은 사람의 사랑으로 받기를 원한다. _장병기

사진작가 JINO

이순신

내가 칼을 꺼내 하늘로 들었을 때
내 나라 내 민족의 눈물 멈추기 위함이었고
내가 칼을 꺼내 땅에 꽂을 때
내 나라 내 민족의 아픔 멈춤이었다
금속의 칼은
오직 내 나라 내 민족을 위함이어야만 한다

독도가 말하다

처음부터였음이다
지나가는 바람이 알고 있고
날아오던 새들이 알고 있음인데
나의 위치를 말하려 하지 말라
셀 수 없음의 날들을 처음부터였음이라 하겠다
나는 대한민국이었음을

사진작가 박상준

소녀가 바라보다

귀가 들리지를 않길 바랐고
눈이 보이지를 않길 바랐고
말을 할 수 없길 바랐고
통증을 느낄 수 없길 바랐던
작은 소리도 잘 들리는 밤과 같은 날들을
부은 눈으로 바라봐야 했고
내 두 손을 맞잡을 수도 없었던 날들
흩날리는 노란 꽃에 눈물을 말리며
따듯하게 놓여진 집으로 돌아오는 길은
아직도 끝나지 않았다
인생의 한 번뿐인 하루하루의 시간을 잃어버리고
어디로 갔는지
답을 듣지 못했음으로
잃어버린 시간을 찾는 순간까지
바라보겠다

사진작가 김영노

사진작가 나무나무

통나무가 된 시간

손이 손이 될 수 없었고
발이 발이 될 수 없었다
고운 손으로 거울을 보고 싶었고
예쁜 신 신고 집으로 가고 싶었다
딱딱해진 손은 가슴을 굳게 하여
숨이 쉬어지는 통나무로 변해 버렸고
구르고 굴러 집으로 향했지만

엄마 손의 따스함도
돌아온 안도의 숨도
여전히 통나무로 덩그러니 놓여있다
나의 손은 죄를 짓지 않았고
나의 발은 거짓을 따르지 않았다
나는 죄인이 아님이지만
습한 곳에 통나무로 숨어 지내야 함은
세상이 변하길 바랄 뿐이다
세상이 바뀌어 통나무는 피해자가 되었다

마른 심장

두 손에 두려움을 꽉 쥐어 숨기었고
두 발은 공포스러움에 땅에서 떨어지지 않았다
희망은 참혹함 속에서
시간을 날으는 새와 함께했으므로
살아졌음이고
아가야
아가야
속삭임의 지켜주던 목소리로
한숨을 참고
두숨을 삼키고
숨소리를 들키지 않기 위함은 나누어 쉼이었다
바짝 마르며
눈물도 희망도 무디어짐이
심장도 말리어 버린다
남쪽 끝에서 들려올 진심만이
바짝 마른 심장을 뛰게 함일 뿐이다

사진작가 윤드리

사진작가 박정원

다리에서

순간으로 영원을 지우지 말아주길 바래
어떤 순간에도
이 마음이 변하지 않는다는 믿음으로
지내온 시간이 하나가 아닌 것을
순간으로 지난 영원을 잊지 말아주길 바래
지금 잊으면 영원의 끝이 될 테니까
가끔은 영원으로 순간을
이겨내야 하는 시간도 필요하거든
순간에서 영원으로 넘어갈지
영원으로 순간에서 넘어갈지
다리 위에서 고민하던 시간
어느 쪽으로 넘어가야 할까

사진작가 김미경

무채색 이정표

앞이 캄캄하다가도
결국 해결점이 찾아오는
무채색의 바닥에 놓여진
붉게 피어오르는
모양을 하고 있는 것을 보고 있자 하니
뛰어넘어 지나가도록
힘이 느껴진다

닮다

내밀어 본다
하늘 향해 물속에 몸이 잠겨 있지만
충분히 아름답다 느낄 만큼의 색으로
온힘을 다해본다
밖으로 나와
해를 닮아본다
보이지 않는 선을 만들어 태양과 손 닿아본다
어떠한 상황에서든
해본 것과
안 해본 것은
과정도 결과도 다르다

사진작가 SATTO

사진작가 SATTO

꽃으로 사람으로

꽃인지 잎인지
그래도 꽃은 꽃이다
가끔은
무엇인지 알면서도
헷갈리게 보이는 것들이 있다
사람이 같은 사람을 보면서도 말이다
어쨌든 꽃이라면 예쁘고 향기로운 것처럼
사람이라면 이성과 감성이 있는
사람답게 생각하고 행동해야 맞다고 생각한다

꽃은 꽃답게 꽃으로 대하듯
사람은 사람답게 사람으로 대해야만 한다

사진작가 김은주

이대로

방울방울마다 한가득 담겨있다
하나하나 피어난 이유로

기다릴 줄 아는 이들은
시간이 올 때까지 이대로 기다리다

하나는 나를 주고
하나는 너에게 준다

한가득 담겨있는 이야기가 무엇이든
너를 위해 온 것이고
나를 위해 온 것이고

이들이 기다려 온 것처럼
우리도 기다려보자
우리가 세상에
오고, 만나고의 이유를
의미 있게 남길 때까지

사진작가 김은주

더하기

더하라고 한다
더하여 더 커지라고 한다
두께라면 두꺼워지고
사랑이라면 더 깊어지라고

헤어졌다면 다시 감싸 하나 되라고

하나 되어
하나로서 더해지라고
더해지는 것은
또 다른 큰 사랑이 되므로

사진작가 장계영

균형으로 바라보다

가만히 앉아서 수평을 보고 있자니
이제야 보이고 알 것 같다
균형이 맞아야 된다는 것을
마음도 몸도 균형이 맞아야 바로 설 수 있고
나를 향한 마음의 균형이 맞아야 나로 보인다는 것을

사진작가 장계영

돌아오는 길에 서 있다

오래도 기다리었다
어느 쪽을 바라보고 있어야
더 빨리 볼 수 있을까
돌아오는 길에 들어서는 모습을
세상에 오게 된 날부터
지금까지
오래도 기다리었다
내 모습을
갖추고 만들어
돌아오는 길에서
나를 먼저 봐 주길 바란다
바람의 방향에
바라보는 저 길에서
눈으로 덮여 길이 묻혔어도
돌아오는 길은 내가 중심이 되어
금방 찾게 될 테니까

사진작가 장계영

무언가 내게로 다가온다면

내게 날아온다면
반갑게 맞아주겠다
어디서 날아왔는지는 중요하지 않다
내게 다가와주는 자체로
고맙다고 말해주고 싶다
세상에 수많은 곳을 돌아
내게 날아온 자체로
수고했다고 말해주고 싶다

사진보고 글쓰는 작가 제니

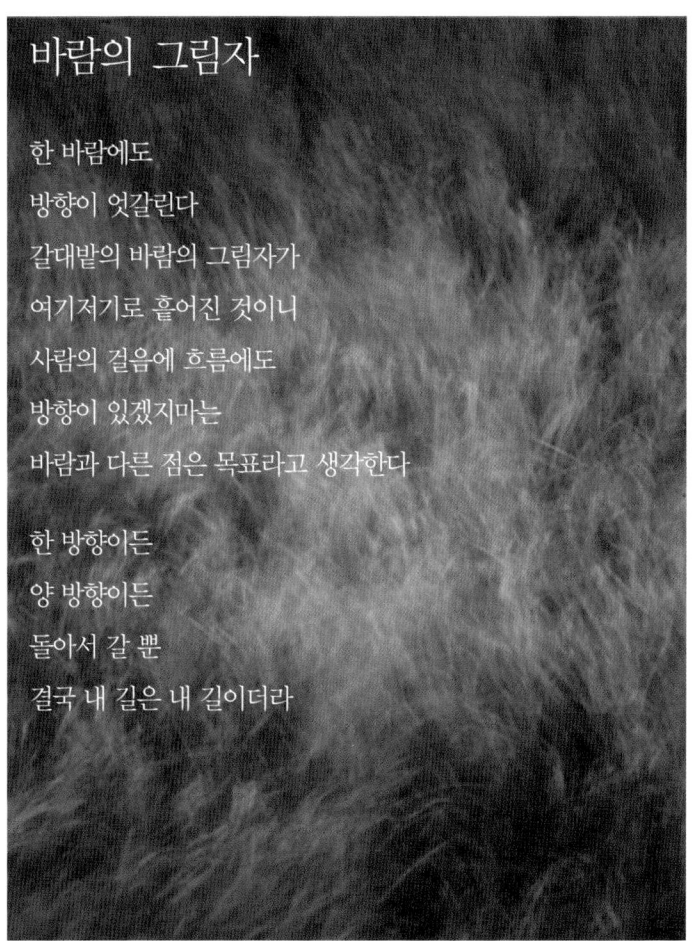

바람의 그림자

한 바람에도
방향이 엇갈린다
갈대밭의 바람의 그림자가
여기저기로 흩어진 것이니
사람의 걸음에 흐름에도
방향이 있겠지마는
바람과 다른 점은 목표라고 생각한다

한 방향이든
양 방향이든
돌아서 갈 뿐
결국 내 길은 내 길이더라

사진작가 장계영

빛이 나려면

빛을 내 뒤로 숨겨놓겠다
나의 빛은
내가 걸어가야 할 길을 비춰줘야 한다
나를 바라보는 사람들이 눈부시지 않도록
빛은 내 뒤로 숨겨놓는 게 좋겠다
그래야 내가 지나간 곳이 빛나지 않겠는가

사진작가 김영노

시간 이야기

나의 지나온 시간을 나열한다면
아름다운 꽃잎 위의 겹겹이 올려진 모양이기를 바란다
여리고 몰랐던 어린 시절의 방황으로 넓은 꽃잎과
경험으로 찾아내었던,
목표가 생겨 방향이 만들어지고
마침내 꽃이 되어지는
나의 시간 이야기의 목표는
아름다운 꽃이 되고픔이다

사진작가 김영노

사진작가 김영노

사람을 키워내는 소리

문 앞의 나무는
문의 안에서 들려오는 소리로 자라났다
더 가까이 듣고 싶고
더 자세히 알고 싶어
소리를 향한 성장을 하고 있다
듣고 자라는 소리가 사람에게 얼마나 중요한 요소가 되는지
생각해볼 만하다
맑은 소리 듣고 자란 이는 맑은 소리에 반응이 될 것이고
거친 소리 듣고 자란 이는 거친 소리에 반응이 될 것이다
사람을 키워낸다는 것에 음성의 중요함을 깨닫게 된다

가능성

언제나 기회라는 것은 곁에 있다는 것을
누구나 가능성이라는 것을 갖고 있다는 것을 기억했으면 한다
눈으로 덮이고 존재조차 숨긴 채
봄이 온다는 계절의 시간을 기다리고 있다가
선물처럼 다가오지 않던가
어떻게 보이더라도
눈부신 기회와 찬란한 가능성을 기억했으면 한다

사진작가 박장왕

일어나는 일 모두 자연스럽다

세상이 돌아간다
그 속에서 비슷한 일들이 일어나고
또 비슷한 일들로 행복과 슬픔을 반복하며
최고의 순간과 최악의 순간을 또 반복한다
이러한 반복이 없다면
지구도 돌지 않을 테니
너무 자연스러운 일이 아닌가

사진작가 박장왕

사진작가 이창덕

겨울달이 별을 만났다

너는 달을 갖고 싶다 하였고
나는 별을 갖고 싶다 하였다
밤하늘에
별과 달은 함께할 수 있지만
어두운 밤하늘에
서로의 불빛에 눈부심으로
늘 함께해도
서로가 얼마나 아름다운지 알지 못했다

여기,
달에 별이 품어져 있다
밤하늘처럼 빛나지는 않지만
달 속에 품어져 있는 별은
세상에서 제일 아름답다

사진작가 민형식

내가 되어지길

어린 시절 학교 운동장이 커보였던 기억처럼
동굴 안에서 세상을 보니
참 작기만 하다
밖으로 보여지는 세상으로
발걸음을 움직여볼 만하게
참 작기만 하다
그렇게 걸어가다 보면
큰 세상의 내가 될 것을 믿는다

사진작가 민형식

붉은 별

붉은 별이 되길 바라던 적이 있다
열정으로 가득 차 강함으로 빛나게 해달라고 말이다
너에게서 또 나에게서
시들어지는 빛줄기가 어렵기만 하다
심장을 뛰게 만들고 늘 밝게 빛나던 붉은 별

사진작가 민형식

산

거센 바람과 비가 만들어 놓은 움푹 파인 공간에
바람이 싣고 온 눈을 담았다
바람은 이를 위해 불어왔던 걸까
바람이 불어오면 패여 주고
바람이 가져오면 담아주는 산이란 이런 것이다

색을 갈아입다

오늘은 나의 여러 가지 모습 중에서
가장 서정적이고 아름다운 나로 보내고 싶다
하늘이 색을 바꾸었고
바다가 색을 바꾸었으니
주변의 색과 가장 잘 어울리는
나의 서정적임과 아름다움으로 오늘을 함께하리라
이는 옷을 갈아입는 것처럼
눈빛을 서정적으로 아름답게 하는 것이다

사진작가 바람꽃

사진작가 바람꽃

단 한 번의 지금 이 시간

요술봉이 신비로운 색과 함께 있다

금방이라도 별빛이 주변으로 뿌려질 것만 같은

상상이 일어난다

별빛이 눈처럼 흩날리며

내게 내려앉아 준다면

공중으로 날아오를 것만 같아

작은 날개가 생겨나고 세상 곳곳을 여행하는 내가 보인다

인생에서 단 한 번의 지금 이 시간

늘 지금은 인생의 단 한 번이라는 것을 깨달았다

나도 모르는 사이

매일 매일이 요술과 같이 신비로운 날이었던 것을 말이다

기억 속의 그대와

길 끝까지 걸어간다
기억 속의 그대와 함께 걸어간다
나누었던 시간 속으로 들어간다
오고 갔던 대화가 들려오고
홀로 걷는 길이 외롭지 않도록 그대 손을 잡는다
추억 속으로 걸어 들어간다
그대에게 걸어 들어간다

사진작가 박해동

기억의 섬

기억 속으로 가는 길목에서
선뜻 발걸음을 시작하기가 쉽지 않다
기억이 불어오면 늘 피했던 때가 있었다
기억의 바람이 불기 시작하면
그 바람을 맞기가 두려웠기 때문이었다
너무 좋았었던 추억이어서
돌아 나오기가 쉽지 않았으므로
오늘은 너무 예쁜 색으로 단장한
기억의 섬으로 들어가보려 한다
추억으로 완성하여 돌아오기까지
얼마가 걸릴는지 모르지만
기억 속으로 잠겨 편해지고 싶다

사진작가 박청식

사진보고 글쓰는 작가 제니

사진작가 박청식

바다가 지나간 길

바다가 지나간 길은 넓기만 하다
넓기 때문에
그냥 그렇게 늘 있는 듯하다
아무 때나 가도 되고
아무 때나 생각해도 된다
바다가 되고 싶었던 때가 그립다
세상이 넓었고
나도 넓었었던
다 알아버린 지금은
알고 있는 것만이 진짜로 느껴짐이
다시 바다가 지나간 길을 찾게 된다
알고 있는 지금에서

태양은 매일 같았다

늘 뜨고
늘 지는
태양도 매일이 다르다
늘 아름답고
늘 찬란하지만
태양은 늘 다른 느낌이다
어쩌면 같은 태양을 보며
자신의 감정대로 읽는 것은 아닐까
늘 같은 사람이고
늘 같은 행동을 하지만
자신의 감정에 만드는 오해가 아닐지
생각이 필요하다
만남의 장소에서의 태양은 기쁘고
헤어짐의 장소에서의 태양은 슬프지 않던가

사진작가 박청식

사진작가 박청식

쓰라리다

쓰라리게 스쳐지더라도
내면은 그대로이니
자신을 지키는 것이 얼마나 중요한가
껍질에 불과한 외면은
쓰라리게 스쳐지더라도
내 자신은 스쳐짐을 남기지 말아야 하겠다
어떠한 자극에도
자신을 지키는 힘
그것이야말로 진정 우리가 만들어야만 하는 것임을 기억해야만 한다

문

문이라는 것은 새로운 세계의 통로이다
사람의 마음의 문을 여는 것이 가장 힘든 열림이다
강한 신뢰감과 부드러운 감성이 함께해야 하기 때문이다

사람의 마음의 문을 여는 자는
그 사람의 세계에 들어가는 것이므로 아무것도 함부로 해서는 안 된다
그리고 마음에서 나올 때도 아무것도 남겨서는 안 된다

사진작가 하바앤진

사진작가 하바앤진

기억의 길

길을 보면 걷고 싶어진다
걸으며 만들었던 기억들이 살아나고
기억의 길속을 걸어간다
안개처럼 휘돌고 있는 기억의 길속에서
아직도 그때의 신비롭고 설렘의 숨을 마실 수 있으니까
진실게임이 흐르는 기억의 길속에서

사진작가 하바앤진

닮아지다

더 번져지고 싶은 에너지로 가득 차고 있다
하늘과 닮아지기 위해 색도 변해가며
놓여있는 그 자리에 하나가 되길 바라고 있다

내가 있는 자리
내가 지금 속해 있는 곳
내가 걸어가는 길
내가 책임져야 하는 나의 시간이고 공간이며
혼자가 아님을 알길 바란다

부러울 것 없는 에너지를 갖는 태양조차
하늘과 닮아지고
하나 되길 원하고 있다

세상 혼자 살아지는 것이 아님을 다시 한번 생각해 보길 바란다

사진작가 하바앤진

두께

한 겹 한 겹 쌓이다 보니
두께가 되었다

하루하루 겹쳐지고 나니
내가 되었다

오늘도 내일도 내가 되니
하루도 소중하지 않은 순간이 없다

내가 되기 때문에

멀어지다

하나씩 떼어내고
한 점씩 떨어뜨리다
너무 맑고 밝아 하나도 아깝지 않다
점점 나에게서 멀어져가지마는
나와 함께 성장해온 이들이
이제 각자의 하나를 만들어내길 바란다
서운한 마음 없지 않지마는
내가 성장한 만큼
그들도 성장한 것을 인정하고 나니
이제 그들의 하나를 응원할 수 있습니다

사진작가 조봉규

사진작가 조봉규

표현되어질 때

이처럼 다양한 나비의 색을
색마다 모양마다 각기 다른
비행방법이 있을 것인데
우리는 그냥 나비라고
생각해버리는 것은 아닐까
다 같은 나비라고
거기서 거기일 거라고 말이다

사람도 수많은 색과 생각의 다양함인데
우리는 그냥 사람이라고
거기서 거기일 거라고
상대방의 입장을

자신이 생각하는 것과 비슷할 거라고
생각해버리는 실수를 하는 것이다

충분히 쉽게 깨질 수 있고
생각보다 더 깊을 수 있는데 말이다
잘 알수록 더 자세히 공감하고
살펴야 한다고 생각한다

사랑한다고
미안하다고
말해야만 알 수 있을 때가 생각보다 많다

일러스트레이터 COMA

남긴 것

같은 시간
같은 공간
함께하지 못한 공감

내가 널 남긴 것
네가 날 남긴 것

결국 너와 내가 되어
아쉬움의 둘로 남겼다

사진보고 글쓰는 작가 제니

일러스트레이터 COMA

피할 수도 가질 수도

피할 수 없는 걸까
가질 수 없는 걸까

피할 수도
가질 수도
없는 것들이 있다

뒤돌아 걸으려 하면
그 주위를 맴돌고 있고
반대로 걸으려 하면
제자리걸음이다

갈등의 연속으로
휘몰아치는 입김에
술렁이고 출렁인다

추억이 될지
경험이 될지

담아야 할지
덜어야 할지

일러스트레이터 COMA

현기증

현실이 되어버린 반이 되어진 시간들이
마음을 가눌 수 없게 엉켜있어
그 헤아림에
현기증이 된다

이별을 말할 때는
몰랐다

이렇게 반이 되어질 어지러운 시간들

그림자

보랏빛으로 뒤돌아서는
하늘 아래
나무가 그림자가 되어진다
하나가 돋보이니
하나는 그림자가 되어
둘이지만 하나가 되어진다
진정 함께한다는 것이 이런 게 아닐까
하나의 색이 돋보이면
하나의 색은 그림자가 되어
강약을 조절해 주는 벗 말이다

사진작가 윤재천

사진작가 김보영

내 길

거위가 가는 길은 얼음길이다
그들은 갈 수 있기에 걸어간다
내가 지금 가고 있는 길 또한
갈 수 있기 때문이다
한참을 걷든 힘들게 걷든 지금 걷고 있는 길이 내 길이다

이유가 되다

하늘이 보여주는 좌표를 보며
이유 없는 발걸음을 시작하다 보니
이유가 없던 걸음걸음에서
내 발걸음이 이유가 되기 시작했다
내가 움직이는 것
그 자체로 이유가 되어지는 나의 삶이
하늘의 좌표처럼 빛을 내기 시작한다

사진작가 전승엽

사진작가 이설제

그대이기에

흩날리는 눈송이만큼이나
우리들의 빛나던 시간들과 함께
기다리고 있다
기다리는 시간은 또 다른 함께하는 시간이 된다
세찬 바람에 멀어졌던 눈송이는
다른 바람을 타고
다시 내 곁으로 다가오듯
세상의 많은 이유에도
늘 내게로 다가와주던
그대이기에

사진작가 이설제

바로 보다

내 자신을 바로 본다는 것은 쉽지 않은 일이다
스스로 본인을 관찰하고 가장 객관적으로 볼 수 있어야 나의 색이 선명해진다
어떤 빛이 다가오더라도 색이 흐려지거나 달라지지 않기 위해서 말이다
자신을 바로 볼 수 있다면 빛이 다가올수록
나의 색이 선명해짐을 느끼게 될 거라고 믿는다

인간적인 외로움

사람이 외롭다 느끼는 것은 주변에 사람이 없어서가 아니다
함께하고 공감할 수 없을 때 인간적인 외로움을 느낀다
사회적인 구분이 없었던,
학창시절의 같음이 좋았던
친구를 그리워하고
어릴 때부터 헌신적인
보살핌을 주었던 가족들이 그리운 건
지금 인간적인 외로움과
함께의 나눔이 그립기 때문이다
이렇게 늘 같은 모습으로
어둠속에서 날 기다려주는
그리고 반겨주는 한결같은
빛이 오늘은 고맙다

사진작가 이설제

올림

곡선의 올림은 서로에 대한 참 많은 관찰을 필요로 한다
크고 넓은 마음일수록 진심으로 배려하며
작고 어릴수록 큰 배려를 받는다
면과 면의 올림보다
곡선의 올림은 대단한 포용력의 함께함이다

사진작가 이설제

사진작가 이설제

내 것이었던 그리움

외로움을 사진에 담고
조명의 따뜻한 위로를 받는다
그리움은 내 것이어서 무엇으로도 담아 채울 수가 없다
뛰고 뛰어 그리움을 숨으로 뱉어내어 본다
뼛속까지 이미 스며진 그리움은 떼어낼 수 없는 내 것이었다

사진작가 이설제

스며듦

주변의 모든 빛을 반사하고
내 자신이 스며들기를 기다리고 있다
수많은 빛이 나에게 스며드는 동안
내 자신을 잃고 있지는 않았는가
옳다고 말하지 못하고
싫다고 거절하지 못하고
그리고
나의 세상은 이런 빛깔이라고 표현하지 못하진 않았는가
이제 나의 빛에 스며들고 싶다

사진작가 이설제

비움

비워지길 기다리는 동안

멀리 보았다

최대한 멀리 볼 수 있는 만큼 말이다

멀리 볼수록

마음이 급해지지 않았고,

가슴이 답답해지지 않았고

눈앞의 문제가 크게 보여지지 않았다

비워지고 가벼워지는 동안

나의 자신의 무게는 채워지고, 무거워지고 있었다

공존

파란 하늘과 초록 들판 사이에
내 자신이 남겨졌다
오직 나의 빛에 스며들고, 채워져
주변을 비워내고
선명한 수평선을 그려내는
내 자신의 빛이 시작되어 퍼지기 시작한다
점 점
나의 맑은 빛이 하늘과 들판을 선명하게 투영할 때까지
내 힘을 다하고 싶다

사진작가 이설제

원이 되다

가슴에 엑스를 그리고 있는데도
왠지 안 된다는 뜻이 아닐 듯

맑다 못해 신비롭기까지 하는
깊고 투명한 색이

가슴에 새긴 엑스 자를
지워 달라 말하고 있는 듯하다

사람이 스쳐갈 때마다
하나씩의 엑스 자를 만들어

엑스가 겹쳐지고 겹쳐져
열을 세고 나면

열 개의 엑스 자는 원이 되어져
나에게
신비로운 문이 될
가능성을 보여주는 문이 될 것만 같다

사진작가 정나연

사진작가 정나연

가는 길

저 너머로 가야 하는데
저 너머로 가고 싶은데
어떤 길로 가는 게
맞는 걸까

이쪽으로 가도
저쪽으로 가도
저 너머로 가겠지마는

통로에 따라서
보고
듣고
만나고

저 너머에 갔을 때의 감동이 다를 테니

알고 싶다

어느 쪽으로 가야
저 너머의 감동을 그대로 느낄 수 있을지

사진작가 정나연

이미 갖고 있음을

해를 닮고 싶어 하는 듯
가슴 펴고 해로 다가가는 듯

해가 닮고 싶어
해를 담고 있는 듯

애쓰고 애쓰며 가까이 가다보니
눈부실 만큼
이미 닮아 있고

이미 담고 있다

늘 답은 내 안에 있듯
헝클어져 덩굴에 숨겨져 안 보일 뿐

이미 나는 해를 닮은 열정과
따스함을 담고
열정적인 답을 가지고 있다는 걸

사진작가 정나연

하나로 보여지길

폼폼폼 내게 소리를 내며
둥둥둥 내 가슴으로 들어올 것만 같아

폼폼폼
하나 하나 꿈을 담아
하나 하나 색을 달리하고
하나 하나 의미를 갖는
요동치고
설레임으로
부드러운 충격의 느낌으로
가슴에 스며든다

이제 더 이상의 둥둥둥 떠돌지 않으며
나와 하나 된 폼폼폼은 넓게 피워진다

네가 꽃받침이 되어주고
내가 꽃받침이 되어주리

무엇이 받침이 되든
우리의 색은 찬란한 조화로
하나로 보일 날을 기대한다

사진작가 박근석

자신을 만드는 온도

모든 것이 얼어버린 순간에도
무언가를 만들어낸다
움직일 수 없을 만큼
강추위 속에서도
이루어지는 것이 있으니
얼음 꽃이 피워지기 위해서는
한없이 떨어지는
온도가 필요하다

내가 만들어지기 위해서
즐거운 온도도 필요하고
힘든 온도도 필요하다
내가 만들어지기 위한
조건이고 환경이니
수많은 온도를 지나고
내게 맞는 온도를 찾아보자
나를 만들어 가는
온도의 터널 속에
파란불과 빨간불 사이에서

사진보고 글쓰는 작가 제니

사진작가 박근석

향기는 스쳐질 때 만나게 된다

이슬에 안긴 채 새벽을 지나왔다
갇혀있지 않은 안김이다
이슬 속에 향기로 가득차
이슬이 공기로 흩어지며
꽃향기를 뿌릴 테니
나와 함께 있던 이들에게도
늘 나의 향이 무엇인지
남겨지게 하길 바란다
향이란 옆에 있을 때보다는
스쳐 지나야 맡아지는 것이니
내가 지나온 길에 나의 향기가 머물러 그리움이 될 때까지

이루어진다

꽃이 되고 싶은 꿈이 이루어지는 순간
설레고 두근대는 가슴에
꽃잎의 떨림으로 나타나
층층이 선을 그렸다
향기도 있을까
마른풀의 향기가 날 것만 같다
이 겨울에 최고의
가을의 그리움 되어
겹겹 만드는 얼음 꽃이라

사진작가 박근석

사진작가 박근석

바람이 도와준 결과

공기 중에 떠도는 수증기가
바람을 만나 꽃이 되었다
누군가를 만나 무엇이 된다는 건
대단한 일이다
내가 만난 사람들
나를 만나는 사람들
우주로 본다면
이 모두가 수증기처럼 작은 존재인데
환경이 되어주고
손을 잡아주므로 결과가 생긴다는 건
서로의 책임감이다
길을 열어주는 바람이 되어주자

바람이 남긴 이정표

바람의 이정표라니

흩날림에도 남김을 만드는 바람이 신비롭다

눈에 보이지 않는 바람이 무언가를 남긴다는 것이

순간 반성의 시간을 준다

뭐든 만질 수 있고, 만들 수 있는 나는

무엇을 남기고 있는지에 대해 생각해봐야 하겠다

약하다면 약한 바람의 힘에

오늘도 나의 보여지는 힘을 조절해야겠다

사진작가 박근석

사진작가 박근석

보여지는 색으로

보여지는 색이 있고, 시간이 지나야 알아지는 색이 있다
수많은 사람들의 수많은 색이 있어 가끔은 알아지는 데 참 오래 걸리기도 하고,
알고 있던 색과 다른 색일 때도 있다
그리고 색이 바뀌어버리거나 변해버리기도 한다
저 등불은 전기라는 자극에 색을 만들고 변하기도 한다
어떠한 자극에도 나다운 색을 지키려는 노력이 필요하다

사진작가 박근석

시간이 거꾸로 갈 때 흘리는 눈물은 뜨겁다

한때는 나의 전부였던 지난 시간들을 거꾸로 들어
눈으로 내려 보내려 한다
기억하기 시린 추억까지도 생각해내다 보니
새록새록 떠오르며
얼어버린 시간들이 눈송이가 되어 멀어져 가고 있다
내려 보내는 시림만큼 뜨거운 눈물이 차오른다

사진작가 박근석

단단하다는 것

단단할수록 내면은 부드럽다
자신을 지키기 위해 단단했을 뿐이다
그러다보니 차갑고 냉정하다 하지만
사실 인정이 넘치고 터져 나오지 않던가
단단한 사람일수록 마음을 들여다보길 바란다

닮음

어느새 벽과 닮아가고 있었다

너무도 다름이었는데

오래전부터 닮아 있었던 것처럼

마주보니

마주하니

어느새 하나가 되어가고 있다

사진작가 박근석

다가오는 향

저 멀리에서 다가오는데도

멀지가 않다

다가오면서 한 송이씩 피어나는 꽃향기가 더 가까워지고 있다

전해짐이란

붉고 푸르다

열정과 편안함이 친구를 만들고 있는 중이다

사진보고 글쓰는 작가 제니

사진작가 노춘성

초록 심장

초록 심장이 놓여있다
심장의 박동마다 싱그러움이 가득하고
촉촉하게 젖어진 맑은 숨이 되어진다
섬세하게 온몸을 정화하여
세상으로 내어 주는 깨끗한 에너지로
맑고 밝은 내일을 기다려 본다

나를 찾아 데려오다

태양으로 가는 길
다리를 건너면
에너지가 다가온다
태양 속으로 들어가는 다리를 건너면
내 두 손과 두 발로 에너지를 전달하고 싶다
내 가능성을
태양에 가까이 데려가
나를 찾아오고 싶다

태양을 만나러 가는 길에서

사진작가 노춘성

사진작가 노춘성

울림으로

발소리가 깊을 것 같다
나무의 울림을 받아
플라스틱의 진동을 받아
물이 번져진다

물 위로 전달된 진동은 더 큰 원을
그리며
옮겨져 간다

이처럼
내 발이 딛는 곳에
뒤를 돌아보기 바란다
내가 담아온 것의 발 울림과
내가 흘려온 것의 발 울림들을

멀리 퍼져 더 크게 남을 발 울림들

사진작가 노춘성

매력

걸어가고 싶은 길이 있다
굳이 걷는 것을 좋아하지 않는데도
걷고 싶은 길은, 길로서 충분한 매력이 있다고 할 수 있다
사람에게도 친해지고 싶은 매력이 있다
처음 만났지만 궁금하고, 얘기 나눠보고 싶은 사람 말이다
길이라면 걷고 싶게 만들어야 하고
사람이라면 다가오고 싶게 자신을 만들어야 한다
결국은 내 자신을 나답게 만들어야 한다고 생각한다

사진보고 글쓰는 작가 제니

사진작가 노춘성

다른 바람

바람을 돌려 일으켜

풀을 잠재우고

구름을 일으킨다

바람 뒤편으로

고요함을 지키고 서 있는 풍차는 알고 있다

불어오는 바람은 맞아야 하고

지나가버린 바람은 그저 바람일 뿐이었다는 것을

불이 일어나면 끄기보단

꺼질 때를 기다리는 것이 현명할 때도 있다는 것을

사진작가 노춘성

다름은 같다

마주하며 마주 보다

우린 서로 다른데

지금은 같다

같은 공간 함께 있으므로

그래서

다름이 다름으로 느껴지지 않는다

늘 같아도

구름 사이로 내리는 햇빛을 맞고 싶다
구름을 통과하여 심장을 통해 들어올 듯하다
늘 같아도,
비슷한 사람들 사이에서 빛나는
빛줄기처럼 찬란한 내가 되고 싶다

사진작가 노춘성

사진작가 노춘성

존중으로 만든 배려

향기로움을 이어서 집을 만들면
향기에 취하여 늘 잠들 것 같다
사람과 사람의 관계에도
마음으로만 느껴지는 존중으로
배려의 공간을 만들어야 한다고 생각한다
관계란 것은 자판기처럼 딱 떨어지는 것만은 아니지 않은가

사진작가 노춘성

사실, 스스로 알고 있다

밝은 빛일수록
뒤에 서는 것이 더욱 찬란하게 빛난다
밝은 빛이 앞설수록
눈이 부셔 빛도 보이지 않으며
사물조차 가려지게 되니 말이다
좋은 빛은 뒤에 가려져도 빛나지 않던가
굳이 나서지 않아도 빛이 충분하니 어디쯤이 나의 자리인지
말하지 않아도 스스로 알고 있다고 생각한다

한 걸음 차이라면

별을 따러 가고 있다
앞서거니 뒤서거니 멀리서 보면 한 걸음 차이로 보인다
한 걸음은 순간이고 욕심은 한동안이니
뒤를 보며 걸어보자
먼저 도착하더라도 혼자라면 함께 도착하여
함께 즐기길 바란다

사진작가 노춘성

사진작가 김성국

지킨다

바람 하나
이슬 하나
온몸으로 느끼고, 모아
색을 만들고
꽃잎을 지킨다
나 자신은 나 하나만의 것이 아니다
나 자신은 나 혼자서 만든 것이 아니다
지금의 내가 만들어지기 위해서
수많은 관심과 보살핌이 있었고
그것은 오직 그분들이기에 가능했음을 잊지 말아야겠다

사진작가 김성국

나는 나임을

꽃은 어디에 있더라도 꽃임을
향기로움으로
아름다움으로
우리가 어디에 있더라도
나는 나임을
나의 향기로움과
아름다움을
지키도록 해야겠다

내가 비추어짐

세상에 보여지는 내 모습이 색에 따라 다르게 보여지기도 하고
나조차도 보여지는 것이 나의 모습인 줄 착각할 때도 있다
마음을 먹는다면
세상 모두에게 거짓말을 할 수도 있겠다
하지만 내 자신에게 읽어지는 스스로의 거울 앞에서 당당해지길 바란다
나는 알고 있지 않은가
내 진실한 내 자신의 모습을 말이다

사진작가 김길형

언덕까지

준비되었나
이 순간을 위해 참 많이도 걷고 뛰고 달려왔다
너무 설레어서

사진작가 HAKU

졸린지도 몰랐고

피곤도 느끼지 못했다

며칠 밤을 못 자도

늘 에너지가 벅차왔었다

드디어 내가 생각한 곳으로

내 크기에 도달했다

서 있다

여기에서

생각해보니

설렘의 오늘을 그려왔던 때가 더 행복했다

지나온 행복의 시간들과 오늘의 맞닥뜨린 지금의 행복이 더해져

숨이 터질 것만 같아

잘 왔다, 정말로

정상에서 시원한 감동을 위해서

눈을 뜨고

바람을 맞고 싶다

사진작가 HAKU

떨어질 때

롤러코스터처럼
달려오고 떨어지고
다시 달려 어디론가 떨어지겠지만

떨어진다는 게 나쁜 게 아니니까

한 번 떨어지고 나면
깊은 숨을 배워서
다시 떨어질 때는 한결 수월하고

한 번 떨어지고 나면
더 천천히 달려도 된다는 걸
알게 되니까

나는 또 달려
떨어지기 위해
잘 떨어지기 위해

그러다보면 두려움 대신 여유로움이 더 커질 거야

내 두 발

내 두 발로 걸어갈 길이다
울퉁불퉁 제멋대로이다
그런데 나 또한 고르지는 않다

내게 골이 파여진 부분과
저 길에 솟아오르는 부분을 맞추면
되겠지

그럼 블록처럼 잘 맞아질 테니까

난 그저
몸을 돌려
마음을 돌려

나와 가장 잘 맞게 만들면
잘 걸어갈 수 있을 거야
그러다가 잘 맞으면 뛸 수도 있을
거야

어차피 내 발 아래에 있고
난 그 위에 서 있으니까
충분히 잘 걸어갈 수 있어

사진작가 HAKU

사진작가 HAKU

색

무슨 색일까

사람은 어떤 색으로 세상에 존재될까

수많은 감정으로 단순하지 않은

감성으로 가득 차

잘 알 수가 없는 것이 사람이란 존재라고 생각이 된다

상황에 따라 다르고, 변하고

공통적인 분모로

세상에 존재하지만 각자의 세계가 있는 사람

그러나 가려도 가려지지 않는 진심이란

그것만이

가장 큰 분모로서

세상에서 가장 큰 존재로

남게 될 것이라 생각한다

사진작가 HAKU

나눔

하루를 낮과 밤으로 나누어
세상을 하늘과 땅으로 나누어
시간이 흐르게 함은
아마도 지나감을
느끼고
깨우치고
받아들임이라 생각한다
시간이 빨리 가길
신선한 새벽 공기가 찾아오길
기다려 보니까
기다림의 시간이 꼭 필요하더라
기다림은 가치를 더해주더라
기다려 보니까

사진보고 글쓰는 작가 제니

마음의 양

여기서 기다리고 있는데
봄이 다가가야 할까
겨울이 다가가야 할까

저기서 기다리는데
겨울로 가기엔 내가 얼어 깨질까
두렵고
봄으로 가기엔 네가 녹아버릴까
두렵다

공존이란 이런 것이 아닐까
누군가는 깨지거나
누군가는
녹아지거나

그게 두렵다면 바라보기만
하다가 끝이 날지도 모르니
마음을 들여다봐야겠다

얼마나 내가 원하고 있는지를

사진작가 HAKU

사진작가 HAKU

얼음꽃

하나 하나 쌓아왔을 것인데
단단히 굳히고 굳혀
오랜 시간 만듦이

곧은 마음이었을 듯하다

만드는 마지막 순간일까
만든 후의 실패로 무너져 내리는 순간일까
이루려던 곧은 마음이 희고 희어
푸르스름한 깨끗함을 보아서는
쉽게 무너지진 않을 듯하다
꽃을 키워내오던 내 고결했던 색과 비슷하다
마지막 순간이 지나고 나면
얼음꽃이 피어날 거라고 생각한다

사진작가 위응복

기도의 의미

기도라는 것은 간절함과 함께 할 때 큰 에너지를 갖게 된다
무언가를 이뤄 나아가는 데는 누구나 간절함이 있겠지만,
간절한 만큼 움직이게 되지 않던가
종교를 떠나서
기도란 것은 자신을 들여다보는 시간이라고 생각한다
기도의 시간 자신 안에 이미 갖고 있던 해답을 찾아내는 것
이것이 가장 기도의 의미 있음이라 하겠다

사진작가 이나야

다시 만나, 다시 바라본다

한낮에
별이 내려온다
하늘보다 더 따뜻한 아래로
같은 곳에 있지만
밤별은 만날 수가 없는
말로만 전해 듣던 태양빛을 만나러
내려온 낮별

만나보니
늘 가까이 있었지만
별단풍을 처음으로 예쁘게 만나본 날
내 주변을 새롭게 다시 만날 날을 기대한다

사진작가 JINO

가림 속의 빛

가려도 가려도 빛은 새어 나오고
피하고 피해도 빛은 내게 온다
오해하고 오해해도
시간을 타고
진심을 타고
진심은 전달되어지고
결국 피하기만 하던
빛을 온몸으로 받는다

사진작가 JINO

뛰어라

뛰어라
이게 나인 것을
넓은 곳도
깊은 곳도
벅찬 곳도

뛰어갈 수 있는
나인 것을

담아라! 내 가슴에
내 가슴보다
크고 넓을지라도
나는 담아낼 수 있는 것을

사진작가 JINO

바다별

바다별은
밤하늘의 별이 나오기 전
미리 나와 기다린다

작은 빛으로도
충분히 반짝이는
바다별

새로움의 물결치는 사이로
나오는 바다별
어느 빛을 만나도
빛이 나는
바다별

어느 빛을 받아도
충분히 만족스런 바다별

사진작가 JINO

눈을 감고 그대를 보다

눈을 감아야 보여지는 환상이 있다
어떻게 하여도 아플 수밖에 없기에
이제 눈을 감아 기억을 본다
기억을 보여 살아갈 나와
기억을 지우며 살아갈 너와
기억 흐릿함에
서로 같은
눈 감음이 있을 뿐이다

사진작가 JINO

기다리고 있다

새벽하늘과 그네는
무엇을 준비하려는 걸까
누군가 올 듯하여
끝없이 기다림을 하고 있다

누군가
한명만
여기로
와준다면

아침이 되어 완성될 분위기로
기다리고 있다

사진작가 JINO

느끼는 걸음

걸어가는
걸어오는

걸어가서
걸어와서

기대에 차있다
부풀어 있다
설레어 있다

너에게로 가는 길이라서
나는 걸어가고 있다

사진작가 JINO

길

일은 적성이 맞아야 하고
사랑은 감성이 맞아야 하고
운동은 체질이 맞아야 하고

이 길은 내게 맞는 길이다
두 줄로 기차가 지나갈 만큼
튼튼하고 버틸 수 있는 길

내 꿈길로 갈 수 있는
이 길이 내게 맞는 길이라 믿는다

함께를 빌어본다

두 손으로
오랫동안 빌었다
주문처럼

두 손이 뜨거워진다
바라던
에너지가 시작한다

이제 공중에 띄워
많은 이와 에너지를 나누고
주문대로,
함께라는 이름으로
같은 것을 보고,
같은 방향으로
함께라는 이름으로

사진작가 JINO

사진작가 JINO

공존을 위한 존중

존중만이 공존이 가능하게 할 수 있다
내가 너를
네가 나를

복잡하게 얽히고설킨 전깃줄이라도
바로 풀 수 있도록 가능하게 되는 힘

존중이 공존이다

터널 속에서

시야의 터널 속에서 바라보고 있자니
더 집중하여 볼 수 있게 된다
가끔은 주변을 가리고 문제를 볼 필요가 있다
내가 원하는 것과 내가 할 수 있는 것
그리고 내가 집중해야 할 것에 대하여
시야의 터널은 고요하게
내가 봐야 할 것을 보여주기 때문에

사진작가 이경철

사진작가 이경철

존재를 위한다면

평행으로 겸손을 표현하고 끝을 세워 존재감을 표현한다
평온한 모습으로 평소를 대하고
필요한 부분에는 존재감을 표현하리라는 의미로 말이다
불필요한 잦은 자존심 표출을 시선을 방해하고
자신을 지키는 자존감은 진정한 자신을 존재하게 만드는 마음일 것이다

달리는 나

하늘과 땅 사이에
달릴 수 있는 내가 있다
바람이 함께하여
나의 빛이
나와 함께 불어갈
나의 미래는
우주처럼 푸른빛의 별이 될 것이다

사진작가 임지원

사진작가 오경주

바로서다

구름은 하늘로 접혀 오르고
파도는 땅으로 접혀 내린다
그 사잇길에 서 있으니 무엇이 두려울까
하늘로 오르는 구름에 내 두려움을 접어 올리고
땅으로 내리는 파도에 내 두근거림을 맡겨 접어 내리며
오로지 내 자신으로 바로 서고 싶다

친구와

웃고 또 웃고 또 웃었다
키만큼이나 세상도 낮고 좁았지만
그만큼 나는 보여지는 세상에 집중하며
즐거울 수 있다
많이 알고 넓은 세상이 궁금하지만
나는 지금 집중하는 내 세상을 즐기고 싶다
내 친구와 함께

사진작가 설송

사진작가 유리

내 다시 꽃이 되리다

흩어짐에 끝나지 않음이다
내 다시 하나로 대단한 꽃으로 다가가리
천천히 움직이는 호수의 흐름을 타고
가까이 가까이 가고 있음에
대단한 꽃이 될 때까지
거기 있어주길 바란다

사진작가 유리

흔들렸던 이유

우연히
잃어버렸던 자신을 만났다
나도 잘 모르는 내가 여기에 있다
또렷하지 않은
같은 줄기지만 오는 빛에 따라서 한없이 흔들리고 바뀌어지는
나와 마주해보니 그토록 알 수 없었던 이유를 짐작할 수 있겠다
홀로 서 있는 나무 곁을 맴도는 빛을 따라 자신의 색을 찾아가도록
좀 더 기다려야겠다
우연을 바라며 나를 기다리고 있던 자신에게 시간을 주고 싶다

기억은 거꾸로 흐르다

거꾸로 흐르는 기억 속에
가장 행복했던 시간이 내리어진다
순간순간이 꽃이 되어주던 시간들
시간이 흐르고 추억 속의 시간이 되어 꽃도 말라지고
지나비린 시간 속에 순간으로 남은 추억처럼
생명력 없는 마른 꽃이 거꾸로 흘러내린다

사진작가 유리

사진작가 내명주

전달자

저 깊이에 뿌리를 두고 빛만을 보여주고 있는 꽃
무엇을 옮기고 무엇을 보여주기 위함일까
물 속의 에너지와 물 밖의 에너지를 이어주는 탯줄을 통해
속과 밖의 전달자가 되어진다
새벽 눈물이 떨어지면 물구슬로 바꾸어
해가 뜨면 빛을 받아 눈빛이 되어준다

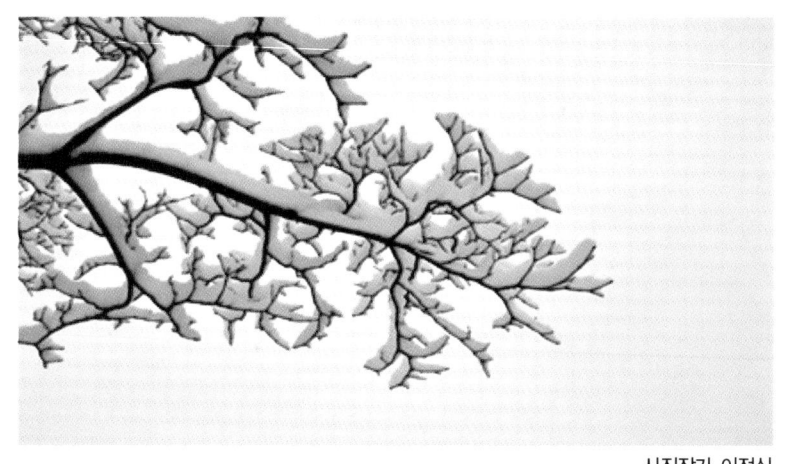

사진작가 이정식

그대 안에서

그대 내려주니
나를 찾을 수 있었으므로
그대를 지켜주고 싶다
그대 안에서
내가 선명해지므로
그대를 안아 주지 않을 수 없다

멈춤을 서서 바라보다

꽃이 멈추고
바람이 서 있다
기억이 멈추고
추억이 서 있다
수없는 시간이 휘몰아치는
바람이 멈춘 길에서
멈춤을 서서 바라본다

사진작가 이정식

사진작가 이정식

아름다움과 매력이 향기롭다

시선이 머문다는 건
분명 아름답기 때문일 것이다
여기에 풍겨오는 향기까지 있다면 매력이 된다
우리의 행동과 생각에도
아름다움과 걸맞은 향기가 있어야 하겠다
시선이 집중되도록 말이다

여전히 나는

여전히 나는 살아있음에
푸른 하늘이 전해 주는 숨을 쉬고
구름이 전해 주는 물을 먹는다
사소한 것 모두가 감사함에
꽃을 피우고
향을 전하리
오랜 시간 지나오며
내게 진정 남은 것은
감사함뿐이더라

사진작가 이정식

사진작가 이정식

축제의 밤에 다녀오는 길

축제의 밤이어서 돌아오는 길에
뒤돌아보니
한밤중의 꿈과 같은 시간이 멈추어진다
늘 축제 같았던 그때
늘 꿈과 같았던 시간들
축제의 밤에서 돌아와 보니
그대로 멈추어 있다
마음을 두고 왔으므로 여전히 멈춤으로

사진작가 이정식

빛이 내리고 있다

올라가는 계단일까
내려오는 계단일까

올라도 되고
내려도 되겠지만

빛이 내려오는 중이라
다 내려올 때까지
기다려도 좋겠다

내림

내려갈 때
최대한 작게 만들어 바닥까지 떨어지길
낮춰야 한다면
최대한 낮게 숙여주길
그리고
내려갈 때
많은 것을 느껴 기억하길
낮춰야 할 때
돌아보고 겸손해지길

내려보고
낮춰보니
다시 흐르더라

내려볼 만하고
낮춰볼 만하다

사진작가 이정식

사진작가 이정식

잃어버린 마음

맨몸으로 부딪쳐 매우 따갑고 차갑지만
파도가 만들어놓은 공간만큼 바닷물을 담았으니
나를 잃어버린 것이 아니라
너를 담았다고 생각하겠다
상처받아 아파하기보다 배려를 담았다고 생각한다면
뾰족해진 부분도 담긴 물로 곡선을 그리게 될 거라고 생각한다

사진작가 이정식

시작의 의미

시작 없이 시작되는 것이 있을까
무언가를 시작하며 시작을 두려워하지 말길 바란다
거대한 이 나무도 싹으로 시작되었으니
시작과 노력이면 작은 싹에서도 충분한 결과물로 자라날 수 있다
시작만 하면 된다

사진작가 이정식

흑과 백

밤과 낮이 만났다

흑과 백이 만났다

생각보다 잘 어울리고 모든 선을 잘 보여준다

밤은 낮을 읽고 흑은 백을 읽어낸다

서로 다를수록 서로가 더 잘 이해할 수 있다는 것에 공감한다

사진작가 이정식

황금빛 숨을 쉬다

황금빛 꿈바람이 불어온다
상상만으로도 벅찬 숨으로 다가온다
거의 다 와간다
바람에 황금빛이 흩날리고 빛이 번져진다
내 가슴 한가득 담아 깊이 숨 쉬어 황금빛으로 물들고 싶다

뿌리기 때문에

바람이 흔들어댄다
꼿꼿이 잘 서 있었는데 말이다
바람의 방향대로 데려가 보려 하지만
내가 있을 곳이 여기라서
내 뿌리가 박혀있는 이곳이 내가 있어야 할 곳이니 지키기로 했다

사진작가 이정식

별이 흔들리다

나무의 별이 되어 피어 있다가
별빛이 되어,
서정적인 분홍빛 봄의 눈이 되어
뿌려질 날을 기대한다
나뭇가지에서 시작되는
기억들을 하나하나 풀어
멀리 흩날리게 되더라도
눈물은 함께하지 않도록 기도해 본다
화려한 만큼
이상하게도 슬픈 흔들림이 있는 꽃이여

내려놓고 흘러가다

가장 중요한 것을 가슴에 담아두지 않고
자연에 맡겨두었다
햇볕이 잘 들고, 물이 고이지 않는
가장 안전한 곳으로 가져다두었다
비가 오면 비가 오는 대로
눈이 오면 눈이 오는 대로
바람이 불면 바람이 부는 대로
자연에게 맡겨두었다
굳이 내가 갖고 있지 않아도
흘러가는 일들처럼
내려놓는 법과
흘러가는 법을 배우길 바란다

사진작가 이정식

사진작가 이정식

열정

손끝으로 전해지는 혼이 결을 만든다
새겨지는 결마다 숨이 들어가며
무엇을 담아내어도
결을 따라 내리는 혼과 숨이
받들으리라

사진작가 전병섭

너의 향 그리고 나의 향

한 줄기가 바로 서 있고
두 송이의 꽃이 피었다
줄기가 같으니
같은 향이 날까
각각 다른 향이 날까
어떤 향일지라도 꽃이라는 줄기가 하나이니
꽃의 향을 잃지만 않으면 되지 않은가
사람들의 향기 또한 사람이라는 같은 줄기이지만 모두 다를 수밖에 없다
각각의 향기대로 존중하고 배려하길 바란다

사진작가 전병섭

공간

하늘로 향한 꽃이 있고
땅을 향한 꽃이 있다
태양의 힘을 받기도 하고
땅의 기운을 받기도 한다
하늘과 땅의 기운,
누구나에게 허락되는 공간에서 우리는 살고 있으니
얼마나 대단한 존재인가
그래서 우리는 불가능이 없을 수밖에 없다

사진작가 전병섭

채워지다

두 손으로 바구니를 안고
하트를 만들어 손을 내밀고 있는 꽃으로
들판의 봄에서 마주쳤다
저마다 안고 있는 바구니에 한가득 사랑으로 채워주고 싶다
채워지는 따듯함의 기억으로
내년 봄의 들판에서 다시 만나기를 약속한다

사진작가 이귀천

마주하며, 숨을 느끼며

그림자와 오르는 언덕이라 훨씬 섬세하다
오르며 내 자신을 관찰하고
바람의 소리와 함께하는 내 숨소리를 느껴본다
구름과 나란히 걷고 보니 구름 아래 놓인 일들이
한결 가볍게 느껴짐을 느낀다

사진작가 박상준

태양으로 가는 길

별을 기다리는가
달을 기다리는가
이정표가 되어주고
걸어갈 길을 비춰줄
빛줄기를 만났다
오늘의 빛을 온몸으로 담아
태양으로 가는 길을 찾아보려 한다

사진작가 박상준

다가감

꽃밭에서 꽃향기를 모아 담고 있는 중이다
꽃향기에 눈을 감다 그만 넘어졌지만
꽃 가까이에 이르고 나니
더 진한 향기와 꽃과 꽃잎까지 자세히 보게 되었다
다가가자
사람에게로
더 멋진 면을 보게 될 것이고
사람 냄새가 나는 가까운 세상이 될 테니까

이 순간

내 자신에게 진심으로 마주하는 이 순간
오직 내 자신에게 집중할 수 있는 여행이라는 이 시간,
선물 같은 색과 모양이 다가온다
세상을 돌며 만났던
오늘 이 시간은
내 자신에게 큰 선물로 오랫동안 남기고 싶다

사진작가 이광우

사진작가 이광우

빙하구름

바람을 타고 하늘에 빙하구름이
다가온다
늘, 자연이 주는 메시지는 읽어내는 자의 정서에 따라 의미가 달라진다
빙하구름이 녹기 전에 읽어 내고 싶다
바람을 타고 하늘의 빙하구름이
지나간다
이제 남겨지고 느껴지고, 읽어낸 의미를 행동에 담을 차례가 되었다

사진작가 유운형

뒤

끝없이 나오는 나의 에너지는
늘 뒤에 있는 태양이다
혼자 세상으로 왔다고 생각하지만
날 품어주시며 수없이 기도했던 속삭임이 잔잔한 노을이 되어주었고
분홍꽃의 순수함을 보도록 지켜주어
오늘의 진한 색과 짙은 향기로 피어납니다

사진작가 유운형

갈림길

어느 쪽으로 가야 할까
살아가면서 느끼는 갈등이다
걸어보고 선택할 수 있다면 좋겠지만
그래서 나의 중심이 중요하다
갈림길에서 현명한 내 길을 찾기 위해서

사진작가 유운형

끝에서 시작되다

얼음판 위로 놓여진 길은
끊긴 것이 아니라
저 길 끝에서부터의 시작이다
한 걸음을 도와주고 이어 만들 수 있는
응원과 힘을 주는 사람이 되고 싶다

사진작가 유운형

바람이 올 때까지

바람을 가르고 하늘을 가른다
바람을 만났을 때 양팔을 힘껏 펼쳐 품에 안듯이
내게 맞는 바람이 올 때까지 준비를 한다
내 바람이 불어오면
한가득 채워 놓은 열정으로 날으리

발자국

어디로 가는 길인지
지나온 발자국보다 지나간 발자국이 많은 이 길을
지나가 보고 싶다
내가 걸어온 길보다 걸어갈 길이 설렘으로 보여진다
내가 지나가며 남길 발자국들에 망설임이 없도록
깨끗한 발자국을 남기고 싶다

사진작가 유운형

밤이 되어

그래서 밤이 오길 기다린다

공사장조차 멋져 보이는 밤과 빛

나는 밤이 되어 주고 싶다

너의 곁에서

너의 빛이 나도록

사진작가 유운형

사진작가 유운형

숨 속에

밤을 기다리는 신비로운 곳
누구나 마법에 걸려 투명해지는 곳
색 중에서 가장 맑은 색의 푸르름을 닮아 가는 곳
어둠 속에서 자신의 색을 가장 밝게 보여주는 곳
어두워야 잘 보이는 이곳은
자신을 만나는 곳이다
어려운 환경일수록 자신의 가능성이 보이지 않던가
한 숨이 아닌 깊은 숨을 쉬어보자
숨 속에 보이는 자신을 만나리라

사진작가 신재국

뜨거운 매일

불을 끄는 물인가
뿜어내는 불인가

바다에 내리는 이슬인지
끓음의 수증기인지

무엇에 이끌려 바라보고 있는 걸까
바다와 태양이 만들어낸
바다용암의 에너지를
넘치도록 내 그릇에 담고 싶다

매일 새롭게 내게 오는 오늘처럼
나는 오늘처럼 살아가고 싶다

사진작가 신재국

열정을 담다

사람마다 그릇이 있고
그 그릇에는 크기가 있기 마련인데
넘치도록 욕심으로 채우는 것보다는
자신으로 꽉 채워
열정으로 태워주길 바란다

사진작가 신재국

허락

내게 들어오는 물길이

이처럼 색을 알아볼 수 없도록

섞여있고 엉켜있겠지만

나는 충분히

색을 찾을 수 있고

풀어낼 수 있다

들어오는 물길이 있었듯이

내게 허락되는 물이 들어왔기 때문이다

내게 모든 시간을

무엇을 보호하려는 걸까
무엇을 지키는 걸까
겨울밤의 꿈을 위해 밤새우며 공부하는 청년을 지켜주듯
내년의 활짝 핌을 위해 비추어주고 있다
늘 책상 위에서 한결같은 스탠드램프처럼
한 번쯤은 늘 한결같은 시간을 보내보기를 바란다

사진작가 신재국

사진작가 신재국

새소리가 되어

하고 싶은 말을 가슴에
담아두고 있어
한번에 섞어 소리내어보니
새소리가 되었다
내 소리주머니는 쉼표이다
한 번 생각하고
두 번 담아두었다가
말해보면 노랫소리가 되니
참아볼 만하다

성장

고요한 눈 바다에 산이 내려왔다
작은 산들이 생겨
거대한 산자락에 이어질 때를 기다린다
눈 바다가 산이 되어도
산이 바다가 되어도
하나가 된다는 것이 중요하다
점점 자라게 될 줄
우리는 알고 있으니까 말이다

사진작가 신재국

사진작가 신재국

잠깐 멈춤

기다림의 끝을 알 수 있다면
기다림의 의미가 없지 않을까
기다림은 고요하고 알 수 없는 설렘과 두근거림이다
언젠가 돌아올 것을 알고 기다리는 것은 시간을 보내는 일이고
돌아오지 않을 것을 알고도 기다리는 것은
현실을 받아들이고 믿기 어렵기 때문에 멈춰 있는 것이다
일시정지 상태로 말이다
정말 오랜 기다림이 되겠지만
힘들다면 일시성지도 나쁘지 않다

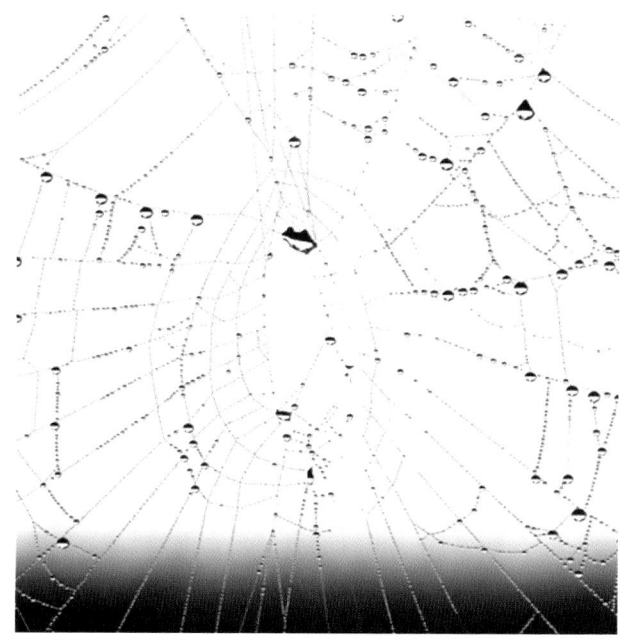

사진작가 신재국

가운데

삶의 균형은 자신의 중심이다
수많은 감정 앞에서 자신의 중심이 흔들리면
균형에 못 이겨 무거운 곳으로 기울어진다
해가 뜨고 바람이 불어 이슬이 가벼워질 때까지
자신의 중심으로 버텨보는 삶이 되길 바란다

사진작가 신재국

원하는 기다림

조금 지나면
조금만 있으면
설렘에 가슴이 간지럽다
몇 분 사이가 길게 느껴지는 것은 원하는 양의 비례이다
원하는 만큼 움직이게 되고,
변화하게 되며,
느끼게 된다
이것이 노력이고 열정이다

이해하는 법

다 보여주지 못하는 마음은 얼마나 이해할까요
다 보여주지 않는 마음을 얼마나 알까요
사실 모두 다르기 때문에 다 알 수는 없습니다
배려와 존중의 믿음이 이해를 만드는 것이라고 생각합니다

사진작가 신재국

사진작가 하승용

그리움에 안기다

그리움과 앉아있던 자리
시간이 흘렀지만
그리움은 그대로 앉아있었다
무게도 느껴지지 않을 만큼 가벼웠는지
너무 무거워 포기했는지 모를
그리움 곁에 앉아
그리움에게 안긴 날에

심장이 울리다

쿵쿵 심장이 뛴다
동그라미 가슴에서
네모나 세모에서는
심장의 소리가 퍼지지 못한다
그래서
우리 모두의 마음은 모나지 않은
동그라미여야 맞다

그리고
가운데는 적당히 공간이 있다
감정과 감성이 잘 담겨있기 위해서
가끔
출렁이는 혼란 속에서도
안정감 있게
잘 담고 있으라고

동그라미의 깊이는
시간과 경험의 나이테처럼
달라지므로
더 깊은 소리로 울려 퍼지는 심장소리에 집중해주자

어울림

자연인가
사람인가
무궁무진한 가능성을 보여준다

사람이 자연에서 온 것이라면
자연을 잘 알기 때문일 것이고

자연이 사람에서 온 것이라면
사람을 잘 알기 때문일 것이다

우리 사람들은
서로가 같은 사람인데도
잘 알면서도 참 모른다

자연이 사람을 따르고
사람이 자연을 따를 때
가장 잘 어울려지는데 말이다

사진작가 윤용식

기대가 되는 결과물

전체를 보고 만들어졌을까
만들다 보니 전체가 되었을까
우리는
결과를 예상할 때
과정을 결과에 맞춰간다
과정을 중요하게 생각할 때
결과를 과정에 맞춰간다
무엇이 바른 길이라고
정하기는 어렵지만
결과를 중심으로 할 때는 지도자의 중심이 되고
과정을 중심으로 할 때는 사람이 중심이 된다
과정과 결과
지도자와 사랑
이 두 가지의 결과물이 궁금하다

사진작가 윤용식

사진작가 윤용식

약속의 빛

약속이란 것은
저 뒤에 보이는 꿈 빛깔의 성과 같다
꿈이 되어주고
빛이 되어주는
약속을 꼭 지키는 사람에겐 선명하게 보여지고
순간을 약속한 사람에게는 더 흐릿해지는

약속이란
지켜질 때 꿈이 되고
빛이 된다

꿈과 빛이 만나면 약속의 색을 만나게 되므로
약속의 색은 어떤 색일까

사진작가 윤용식

그릇에 담기다

사람마다 갖고 태어나는 그릇이 있다고 한다
그 그릇에 무엇을 담을지도 정해져 있을까

사랑을 담는 사람도,
욕심을 담는 사람도,
증오를 담는 사람도,
있겠지만

제일 가치 있는 것은
사람을 담고
키우는 것이 아닐까

그것이야말로
진정 사람으로서 살아가는 담음이라고 생각한다

사진작가 윤용식

다시 다가오다

끝까지 잠그지 못한 수도꼭지처럼
끝에 맺혀있어
떨어지지도
거둬들일 수도 없도록

그냥 그렇게 멈춰있어

멈춤이 끝이 될 수 없으니까
끝이 아닌 멈춤이듯이

다시가 다시 다가올 때까지

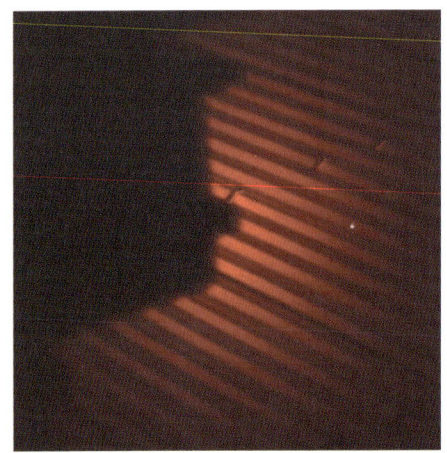

사진작가 윤용식

그림자에서 의미를 찾다

사람의 그림자 속에서 일어나는 일들
그림자는 늘 자신보다 큰 모습을 하고 있다
사람의 감정에서 그림자는 후회이다
후회란 것은
늘 더 커지기 때문에
또 긴 그림자의 모습처럼 오랜 시간 계속되기에

그림자 앞에서
한참을 생각하다

나는 내 그림자에게
당당해지고 싶다

젖은 나무의 울림

길을 따라 가다보니
끊어진 길을 이어주는 다리를 만났다
희망이 되어줄 새 길은 건너오며
발걸음 소리가 되뇌어진다
나무가 물에 젖은 소리
장난치며 뛰놀던 소리와는
가슴을 울리는 소리가 다르다
표정을 긴장시키고
발걸음을 힘차게 한다

내 소리의 의미가 다리기둥을 담그고 있는
물가로 번져진다

더 이상 내 다짐은
나만 아는 나 혼자만의 다짐이 아니다

사진작가 윤용식

사진작가 박호남

그래서 꽃은 아름답다

검은 밤에 적셔진 붉은 꽃은 한결 더 아름답다
최고라는 것은 언제나 끝없는 노력의 끝에 있는 듯하다
노력하는 동안 사실, 세상에 보여지지 않은 터널과도 같은데
밤을 적시고
밤에 적셔져
자신의 색을 찾고, 향기를 찾아
피어 내린다
그래서 꽃은 아름답고 향기롭다

뻐근함

뻐근한 마음이 아픈 마음을 만들 때
곧은길을 찾는다
굳이 길을 살피며 걷지 않아도
이미 환하게 보여지는
곧은길 속으로 걸어들어 가다보면
걸음 하나에 뻐근함이 풀리고
걸음 하나에 아픈 마음이 무뎌진다
곧은길 끝에서는
모든 생각과 감정이 풀려
상쾌한 땀을 닦게 됨을 상상한다
무언가 허전하고
무언가를 잃어버린 느낌이 들어
길 주변을 떠나지 못하고 서성거릴 때
곧은길을 걸어보자
길을 찾지 않아도
놓여진 그대로 걸어가는 길은
시선이 흐트러지지 않는다
가로수의 도움으로 곧게,
무거움에 시작되어
가볍게 끝이 날 걸음으로

사진작가 박호남

사진작가 박호남

숨 쉬어지는

숨 쉬어지는 공기의 움직임이 습기를 만들어
맺혀지는 눈물이 흐른다
숨을 마시면 더 가까이 부풀어 오르고
숨을 내쉬면 조금 뒤로 물러서는
조심함이 만드는 신중함이라 하겠다

사진작가 박호남

기억안개 1

기억이 걸어 나오는 길에서
기억의 시간을 맞이하고 있다
반기고 싶고 안기고 싶다
선명하지 않아 기억이라 하지 않을까
눈을 맞추고 서로를 안을 수 없기에 기억이다
안개 속에 수많은 초와 분으로 물방울이 되어
기억안개가 다가오는 대로
온몸으로 스며들길 바란다

기억안개 2

가벼워 바람에도 밀려지는 기억안개가 되어
다시 다가가고 싶다
잊지 않고 있음을 알기에
다시 다가가 안아주고 싶다
눈물 되지 않도록 스며들어 잠시 안아주고 싶다
홀로 길 끝에 서 있는 시선에 보여줄 수 없음에

구름이 기다리다

검게 만들 작정인데
누군가를 기다리는 이가 있다
나를 생각하면 모두 검게 하늘을 덮어야 하지만
너를 생각하면 조금 더 시간을 주어야 할 것만 같아
이제 내가 널 기다린다
너의 기다림이 끝날 때까지

내일이 오기 때문에

매우 좁지만
나는 설 수 있다
제일 높아 멀리 보며 오늘을 돌아보고 내일을 기다린다
이 시간은 하루 중 가장 중요한 순간이 된다
내일이 오기 때문이다

시간과는

사랑과
이별은 시간에 비례하지 않다
순간에도 사랑을 만나게 되고
시간이 흘러도 이별은 아프다

익숙한 뒷모습

고개를 돌려 바라봐 주길 바란다
늘 여기 있었던 것을
아마도 기다림에 지쳐
돌아서며
그대 날 바라보게 될 것이다
그대 뒷모습에 익숙해져
그대를 알아볼 수가 없다

사진작가 방춘성

다른 빛

시각을 돌려 보며
자신을 다시 바라보다
늘 같은 길을 걷고
그 길이 맞다고 생각하며
그러게 자신을 만들어 오던 나에게도
다른 빛이 있었음을 발견한다
만난 지 얼마 되지 않은
또 다른 나의 빛이
흐릿해 보여지지만
이렇게 아름다울 수가 없다
오늘 만난 나의 다른 빛을 위해
더 아름다운 내가 되길 바라며

사진작가 방춘성

사진작가 은월봉

붉은 눈물이 머물러

떨어뜨린 붉은 잎들이 떠나지 못하고 모여 있다
흘려버린 붉은 눈물이 마르지 못하고 고여 있다
그리움이 서성이는 나무 밑에서
흐르는 눈물을 닦아 내지도 못하고
멈출 수 없는 이야기를 하고 있다
내가 지나가는 곳에 나의 이야기가 머무는 곳
그곳에 눈물이 고이지 않기를 바란다

사진작가 현창호

나누고 바꾸며

길이 나누어진 이유
길이 교차되는 이유
아마도 나누고 바꿔도 된다는 것이 아닐까
내 길을 나누어 주고
때로는 가던 길을 바꾸어 가도 된다고 생각한다
강박관념보다 조금은 열어두며, 여유 있는 삶과 생각을 갖기를 바란다

태양이 비추는 길

길 끝에 보이니 걸어갈 만하다
길 끝에 빛이 있으니 어두운 시간도 지나갈 만하다
그래서
세상은
살아볼 만하고
지내볼 만하다
누가 뭐라 하여도
태양이 비추어주는 길을 가고 있지 않은가

사진작가 현창호

사진작가 현창호

찬란함

특별한 사람에게만 보여지고 나타나는 성
인연이란 것과 같다
내게만 들어오던 찬란했던 그대
지나치던 많은 것들과는 다르던
한참이 지나도
찬란함은 나에게만 보여지고 나타나고 있다

사진작가 정태인

크리스마스

유리 속의 눈부심으로
내 마음이 설레기 시작한다
하나 하나 비추다보면
내 마음 한 겹 한 겹 쌓여
빛길을 길어가니
크리스마스는 신비롭다
그래서 항상 크리스마스는 설렘이다

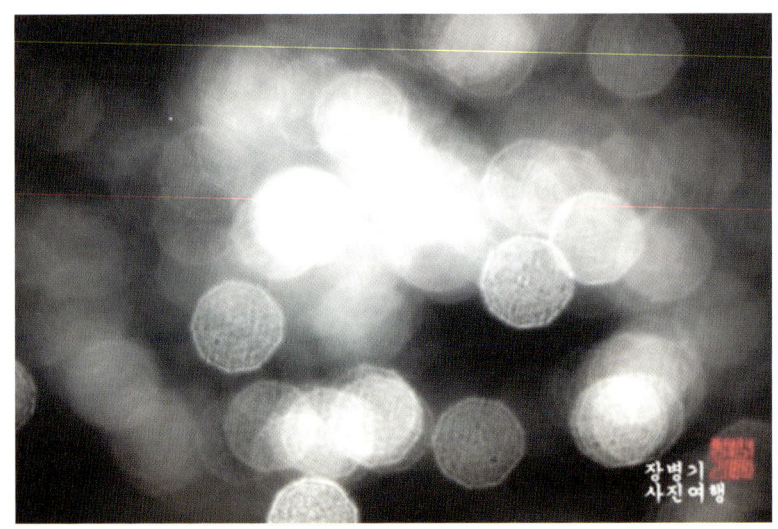

사진작가 장병기

이해하고 위로하다

눈물을 흘리는 불빛이 빛나고 있다
점점 약해지는 빛들과 섞여서 문자를 만들어 보여주고 있지만
눈물이 만들어질 정도로 빛을 만들어본 적이 없어
읽어낼 수가 없다
각자의 슬픔을 느끼는 정도가 같을 수 없기 때문이다
불빛을 이해하기 위해서는 불빛이 되어 봐야 하고
상대를 이해하기 위해서는 상대가 되어 봐야 한다
그것이 진정한 이해이고 위로이다

사진작가 장병기

처음 그대의 느낌으로

태양의 열기로 따뜻함을 배우고
가슴이 뜨거워짐을 함께 나눈다
내게 다가오는 그대를
온기로 느꼈던
처음 그대의 느낌으로
백 년이 지나고
천 년이 지나
다시 태어나도
나는 충분히 기억할 수 있다

사진보고 글쓰는 작가 제니

보리파도가 오는 소리

바람길이 열리는 시간
소리로 먼저 알게 되는 순간
소리가 시작되는 곳에서부터 다가옴이 느껴지는 순간을 기다린다
흔들어주어 부딪치고 보리파도가 만들어내는 소리가 하나가 되는 곳
이곳에서 풍겨오는 보리향이 그립다
내가 지나간 곳에서 나의 향이 그리워지게 되는 사람이 되고 싶다

사진작가 김상훈

사진작가 김상훈

감성의 섬

수많은 감정이 모여 있는 감성의 섬에 안개가 지워져간다
이곳의 모든 감정은 조그만 진동조차도 서로 부딪치지 않도록 조심하며
감성의 섬을 지켜간다
감정은 감성을 만들고
감성은 인성을 만들고
인성은 사람의 인생을 만들기 때문이다

사진작가 김용철

만듦

하늘 보고 있지 않음이,
아래 보고 있음이
한 번 더 바라보게 만듦이다

모두 같을 수 없음이,
서로 같을 수 없음이
한 번 더 생각하고 말하게 만듦이다

사진작가 고학규

누군가는

상처나무도 따듯함에는 어쩔 수가 없다
가시처럼 상처로 가득차고 있던 시간에도
따듯함을 기다리고 있다는 것을 알아주길 바란다
다가가면 찔릴 듯하고, 부러질 듯하지만
따듯함에는 최선을 다해 꽃을 위한 준비를 하지 않던가
가시 없는 꽃을 피우지 않던가
차갑게 볼수록
차갑게 대할수록
얼어버리므로
누군가는 따듯해야 한다

사진작가 고학규

무지개나무

가만히 들여다보자
집중하여서 바라보다
한 겹 한 겹 보여주기 시작하더니
마침내 고목의 색을 모두 보여주니 시작한다
신비로운 빛을 통과하면
마음의 문까지 다가갈 수 있다

사람을 들여다보자
집중하여서 바라보다
보여지는 모습과 다른
사람의 빛을 보게 되며
마음의 문 앞으로 다가가는 것이 아닐까

낮과 밤이 바뀌는 시간

시간을 정하지 않은 약속을 기다린다
그리움에 갇혀
늘 만났었던 시간을 그리고
한참을 서서 기다리다보면
해질 무렵 낮과 밤의 바뀌는 시간에 그리움 속에
그대가 강물로 비치므로
충분하다
해질 무렵 그 시간 사이에서

사진작가 고학규

사진작가 권만섭

노란별

빙글 빙글 비행하며
멀리 보이는 노란별이 궁금하여 다가왔다
따듯하고 달콤한 향기에
깊이깊이 안겨본다
내가 찾아와 앉았는데
노란별은 날 깊이 안아주고 있다
늘 다가가면 깊이 안아주던 그분처럼
언젠가 노란별이 시들어 작아진다면
그땐 내가 안아주고 싶다

사진작가 나무나무

눈물바람

흩날리듯 멀어지는 그대 향한 눈물바람

소리쳐 허공에 눈물 뿌려

그댈 잡고 싶다

얼굴에 묻어버린 남은 꽃잎들이

마르기 전에 다시 돌아와

눈물바람 속에 다시 휘감겨 돌아와

이젠 다시 떠나지 마

바람이 싫어졌어

작은 꽃잎이 싫어졌어

너무 짧고 쉽게 지는 시간이

손가락 사이로 불어오는 바람처럼

잡을 수 없는

잡히지 않은

그 짧고 얇은 꽃잎

말려짐

말려지면서

색을 찾아 간다

말려질수록

색이 진해져간다

잃기 싫어

잊히기 싫어

욕심의 수분을 말리고

흐릿했던 마음을 깊은 색으로 바꾸었다

오랫동안

곁에 두고

곁에 있기 위해서 말이다

사진작가 나무나무

사진작가 나무나무

변하는 색

그대에게 주었던 시간은 핑크빛이었다

가장 아름다운 붉은색으로

진해질수록 검게 변하고

약해질수록 하얗게 변하는

중간의 집중의 부드러운 색이 아닐까

아름다웠던 시간은

시간이 지날수록 어떻게든 변해갈 테지만

그대의 기억 속에

나의 추억 속에

늘 핑크빛이길 바란다

하늘을 바라볼 때

지나왔던 시간들이 세상에 뿌려질 때쯤이 되면
하늘을 올려 바라보게 된다
바람 사이로 날아가는 시간들
그리고 기억들
내게 다시 돌아와 앉은 기억들이 빛났다
그것이 추억이다

사진작가 나무나무

향기 속에서

잃어버린 길에
서성이다 보니
익숙한 향기가 불어온다
향기를 따라서
향기 속에서 한참을 쉬었다가
일어서기가 너무 아쉽기만 하다
기억하는 그대 향기 속에서

사진작가 나무나무

다르게

조용하게 일어선 바다가
세상을 바라본다
다른 높이로 보여지는 세상 속을 바라보고 있자니
그동안 보여졌던 세상이 너무 작아 보인다
내가 보던 대로 그리고 보여지던 대로
읽고, 읽혀졌었다
일어나 바라본 세상에는
다르게 보여지고
다르게 읽어진다
제자리로 돌아갈 바다의 다짐 속에는
한 번 더 생각하고
한 번 더 이해하고
한 번 더 기다리겠다고
그리고
바르게 읽어내도록 노력하겠다고
쓰여지고 있다

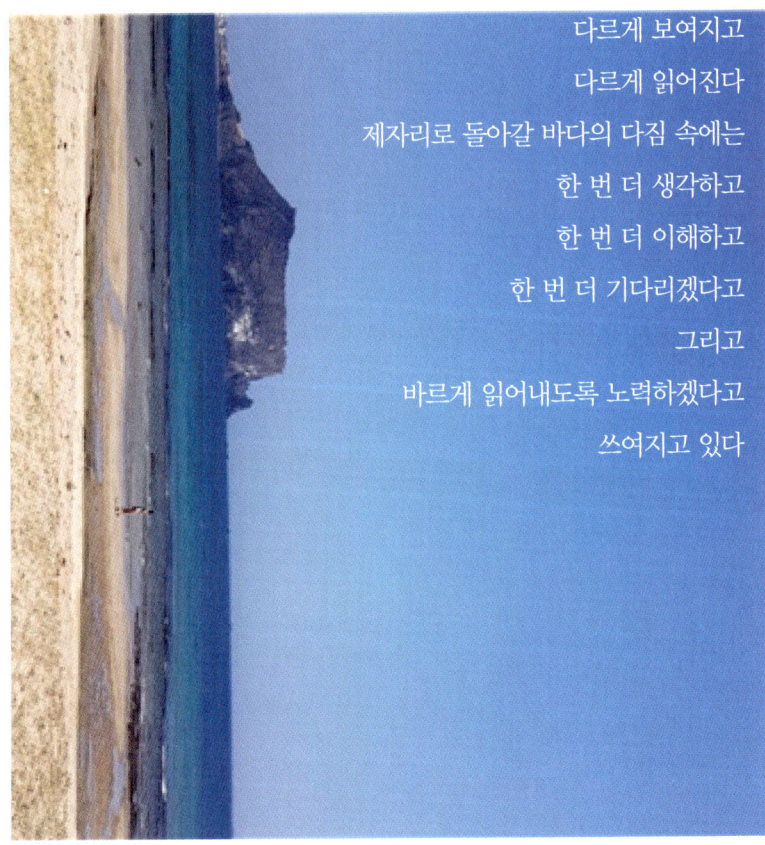

사진작가 문현우

사진작가 박종부

두 개의 별

이별은 어떻게 하여도 아프다	離別如何傷
두 개의 별이 되는 이별이라 아프다	二星之別 別離傷
곧	
비바람에 힘없이 날아가고	乃風雨無力飛去
강물에 가볍게 띠어질 꽃은	輕浮江上之花
쉽게 피어나지 않았다	復易開也
쉽지 않았던 피어남이	不易之開花
힘없이 가벼워짐에 아픈 하얀 눈물이 되어진다	以易輕爲傷白淚

오유경 作詩

東軒 朴鍾夫 漢譯

사진작가 청솔

자존감

말라버린 가지라서 가진 것 없어 보일지라도
세상 최고의 빛을 온몸으로 받고
빛을 떠받들고 있음에
보여지는 것이 어떠하다 할지라도 나는 최고이다
낮에는 뜨거운 태양을
밤에는 평온한 달을
어깨에 걸칠 수 있는

나는
세상 최고이다

사진작가 **최병문**

눈물 바람

봄의 눈이 내려 성을 만들었다
따듯함에 향기가 더 짙어지고
새로운 계절에 새로운 잎과 꽃잎이 되어
짧은 아름다움을 피워본다
약한 마음에 한 번의 바람에도 꽃잎이 떨어져나가고
짧은 추억에 한 번의 비에도 심장이 떨어져버린다
그래서 봄의 눈은 언제나 눈물이다

사진작가 이남기

지나가는 바람일 뿐이다

절벽 끝에 자리하기에
늘 오는 바람을 먼저 만나게 되어진다
어디에서 불어 다가오는지 먼저 바라보게 될 때
어떻게 바람을 맞아야 하는지 잘 알게 되었다
큰 바람은 나를 부딪치며 통과하며 가라짐으로 약해지고
작은 바람은 나를 지나가며 사라진다
늘 맞는 바람에 차가워져 굳어지는 마음을 태양이 달래 온도를 찾아주니

나는 두렵지 않고
나에게 바람은 지나가는 바람일 뿐이다

오래 서 있는 길

셀 수 없는 날들을 아무렇지도 않게 지내 온 후에
사람들은 내게 말하고 묻는다
오랜 시간 얼마나 많은 것을 보고 겪었는지를
늘 있었던 곳은
적어도 나에게는 편한 곳일 뿐 어렵지 않지 않던가
밖에서 보는 것보다는 생각보다 어렵지 않다
늘 있었던 곳이고
늘 해오던 일이기 때문이다
단지 남과 다른 것은
내 길이라 생각하고 서 있던 것뿐이다

사진작가 이남기

사진작가 시선

빛을 담고 싶다

힘겹고 외로운 시간들
견뎌볼 만하다
날아와주는,
다가와주는,
한 마리의 새가 있지 않은가
오늘은 불을 켜는 것도 매우 조심하여 켜고 싶다
다가오는 날갯짓에 작은 진동도 주고 싶지 않다
나 그대로
그대가 바라봐주길 원하며
지나치는 바람이었더라도
다시 뒤돌아볼 수 있는
빛을 담고 싶다

커피 향이 날 때까지

커피나무 마을에는 커피향이 나지 않는다
커피 향은 누군가 원두를 볶고 내리고 향이 나지 않던가
온도에 따라서도 향이 달라진다
진정한 자신의 향이 날 때까지
주변 사람들의 보살핌과 꽃을 피우고 열매가 되어져
인성의 온도가 되어질 때까지
늘 한결 같은 주변의 보살핌과
자신을 돌봐야만 한다
이 길을 걸어 지나갈 때
자신의 향기에 커피 향과 가장 잘 어울리길 바란다

사진작가 시선

사진작가 최정번

멜로디

귀를 대면 뿌리가 있는 곳의 소식을 들려줄 것만 같아
소리를 찾아본다
숲속의 소리를 모아
강약을 조절하여

멜로디를 만드는 동안
어떤 소리를 듣고 또 어떤 소리는
좋은 소리로 감싸서 멜로디를 만들어야 하는지 잘 알게 되었다
때로는 있는 그대로보다
실수가 되는 소리는 잘못이 아닌 실수이므로
감싸 안아 좋은 소리에 섞어주는 것이
반복되는 실수를 만들지 않는 것이 아닐까
실수를 크게 소리 낸다면
잘못이 되기 때문이다

소리

누군가 와줄 것만 같아
자꾸만 바라보다
걸음소리를 기다린다
누군가보다
소리로 먼저 올 테니까 말이다
얼마나 기다리고 기다리는지
그 누군가는 알지 못하겠지마는
소리조차 아까울 정도로
와주길 바라고 있다

사진작가 최정번

사진작가 한상인

만나다

이미 내가 되어버려

어느 쪽이 나인지

알 수가 없도록 닮아진

거울호수에

내 모습을 바라본다

생각보다 멋진 나를 만나다

빛나다

하얀 별이 내려와
붉은 별을 만드는 낮에 뜨는 벚꽃 별이 빛이 없이도 빛이 난다
빛이 나는 조건은 없다는 깨달음을 피어 보여준다
그러니
당신도 지금 바로 빛날 수 있음이다

사진작가 권오혁

사진작가 강신양

어른임은 담음이다

해를 담고, 구름을 담아 바람을 기다리고 눈을 모으는 긴 시간
봄의 기운을 담고, 여름의 더움을 담아
가을의 짙은 향을 돕고 겨울 영하의 숙성임이다
항아리를 들여다보는 자는 한숨을 쉴 수가 없음이다
셀 수조차 어려운 시간이 숙성되어 있지 않음인가
그래서
무조건 공경하지 않을 수 없는 어른은 없음이다

지표

지표가 되어 주고 있음이다
내 뿌리를 굳게 묻고
어떠한 바람에도 흔들리지 않은 채
나는 그대에게 지표가 되어주겠다
그대는 바람이 두렵고
나는 바람이 가장 쉬우니
그대를 위한 지표가 되겠다

사진작가 곰치

사진작가 전중호

다른 세상의 나무

위태로워 보일지라도
보는 사람의 느낌일 뿐
위태로움을 통해
안정감을 찾는 중이다
세상 끝에서 느끼는
끝이 아닌
다른 세상의 시작을 보여준다

위태로움을 통한 안정감은
다시 흔들리더라도
불안하지 않다
균형 잡는 법을 알고 있으므로

사진작가 원충식

그림자가 되어진 빛

빛이 있으니

그림자가 있음이 아니겠는가

빛이 만드는 그림자는

그 빛을 담고 있으니 그림자 또한 빛이라 하겠다

내 지금 어둡다 하여 슬퍼하지 말라

내 안에 이미 빛이 있음이고

내 어둠은 빛이 만든 것이라

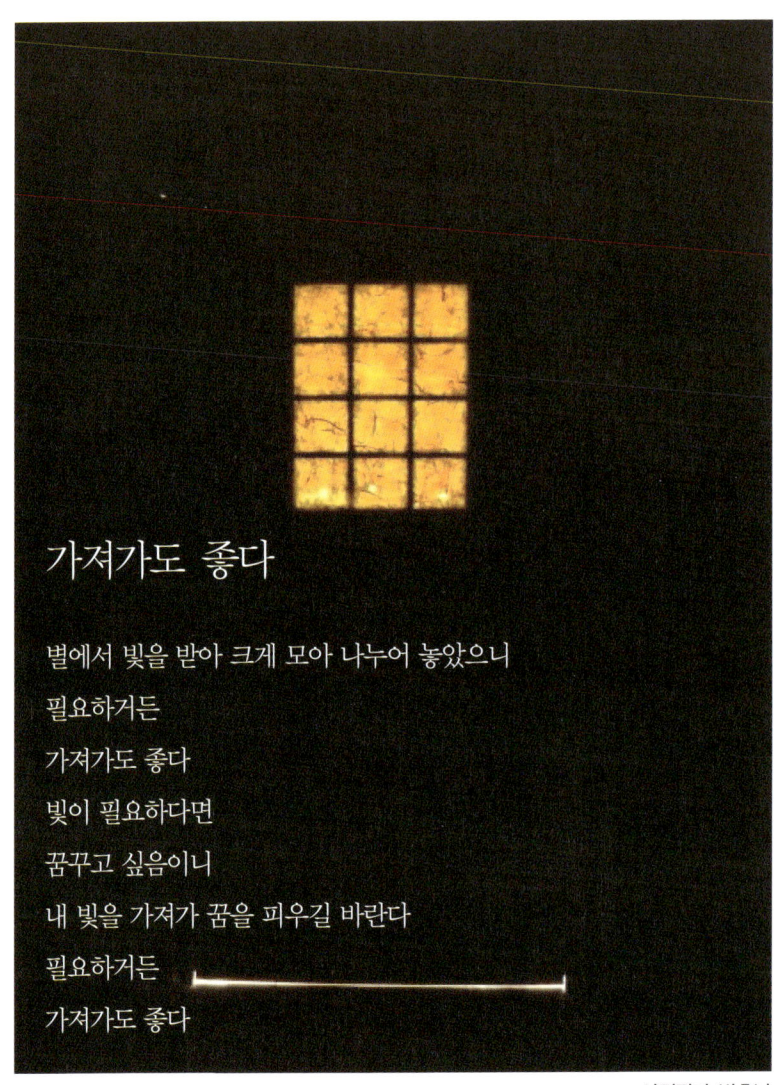

가져가도 좋다

별에서 빛을 받아 크게 모아 나누어 놓았으니
필요하거든
가져가도 좋다
빛이 필요하다면
꿈꾸고 싶음이니
내 빛을 가져가 꿈을 피우길 바란다
필요하거든
가져가도 좋다

사진작가 박호남

마주침

늘 눈물이 고여 두려움을 가진 시선을 남긴다
눈빛 하나만으로도 모든 감정이 표현 되지 않던가
눈을 바라보길 바란다
더는 할 수 없고
더는 빼앗을 수 없다
마주치는 눈에 나의 진심도 외면할 수 없음이다

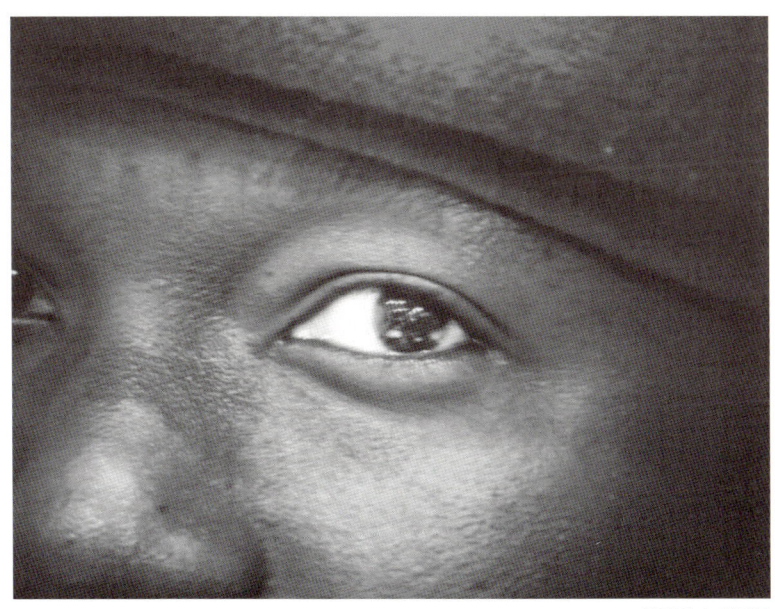

사진작가 최정국

바람의 속도

바람이 지나가는 속도의 표준이 있을까
이 바람이 천천히 지나가주길 바란다
스치고 지나가
쓰라리지 않도록
이 바람이 천천히 지나가주길 바란다
바람은 지나감이라

사진작가 · a릭

별밭에 모여들다

그리움이 모여드는 별밭이 찬란하게 빛날수록 그리움은 짙어짐이라 하겠다
그리움이란 것은 후회를 동반하지 않은 기억라서
추억이라 할 수 있음이며
다시 할 수 없음에 그리움이고 추억이라 하겠다

사진작가 현창호